现代农业园区建设与农民收入增长

以国家现代农业示范区为例

◎ 孙俊娜 著

中国农业科学技术出版社

图书在版编目（CIP）数据

现代农业园区建设与农民收入增长：以国家现代农业示范区为例 / 孙俊娜著. --北京：中国农业科学技术出版社，2025.3. -- ISBN 978-7-5116-7219-3

Ⅰ. F324.3；F323.8

中国国家版本馆 CIP 数据核字第 20258CL145 号

责任编辑	倪小勋
责任校对	马广洋
责任印制	姜义伟　王思文

出 版 者	中国农业科学技术出版社 北京市中关村南大街 12 号　　邮编：100081
电　　话	（010）62111246（编辑室）　　（010）82106624（发行部） （010）82109709（读者服务部）
网　　址	https://castp.caas.cn
经 销 者	各地新华书店
印 刷 者	北京建宏印刷有限公司
开　　本	170 mm×240 mm　1/16
印　　张	9
字　　数	160 千字
版　　次	2025 年 3 月第 1 版　2025 年 3 月第 1 次印刷
定　　价	55.00 元

◀━━ 版权所有·翻印必究 ━━▶

目　　录

第1章　绪　论 ·· 1
  1.1　研究背景 ·· 1
  1.2　文献综述 ·· 9
  1.3　研究对象、目标与意义 ··· 20
  1.4　研究方法 ··· 23
  1.5　研究创新点 ·· 24
第2章　我国现代农业园区发展情况 ··· 26
  2.1　我国现代农业园区发展情况 ······································· 26
  2.2　国家现代农业示范区建设情况 ···································· 30
  2.3　本章小结 ··· 37
第3章　国家现代农业示范区与农民增收的理论构建 ···················· 39
  3.1　理论基础 ··· 39
  3.2　机制分析与研究假设 ·· 44
  3.3　本章小结 ··· 50
第4章　国家现代农业示范区与农民增收的实证策略 ···················· 51
  4.1　数据来源与处理 ·· 51
  4.2　识别策略与内生性处理 ··· 54
  4.3　本章小结 ··· 69
第5章　宏观层面国家现代农业示范区与农民增收分析 ················· 71
  5.1　变量选取与描述性统计 ··· 71
  5.2　示范区创建对农民收入的总体影响 ······························ 74
  5.3　不同创建批次示范区对农民收入的影响 ······················· 77

5.4 示范区创建对农民收入影响的异质性分析 ……………………… 80
5.5 平行趋势及动态效果检验 …………………………………………… 85
5.6 其他稳健性检验 ……………………………………………………… 88
5.7 本章小结 ……………………………………………………………… 89

第6章 微观层面国家现代农业示范区与农民增收分析 …………… 90
6.1 数据、识别与模型 …………………………………………………… 90
6.2 变量选取与描述性统计 ……………………………………………… 93
6.3 示范区创建对农民收入的影响 ……………………………………… 94
6.4 平行趋势检验 ………………………………………………………… 96
6.5 安慰剂检验 …………………………………………………………… 98
6.6 其他稳健性检验 ……………………………………………………… 100
6.7 本章小结 ……………………………………………………………… 102

第7章 国家现代农业示范区与农民增收的作用机理分析 ………… 103
7.1 实证检验 ……………………………………………………………… 103
7.2 农业产业化经营的实践经验 ………………………………………… 107
7.3 本章小结 ……………………………………………………………… 116

第8章 研究结论与政策启示 …………………………………………… 118
8.1 研究结论 ……………………………………………………………… 118
8.2 政策启示 ……………………………………………………………… 120
8.3 讨 论 ………………………………………………………………… 123
8.4 研究展望 ……………………………………………………………… 124

参考文献 ……………………………………………………………………… 125

第1章

绪 论

随着新时代的到来,我国正处于全面建设社会主义现代化国家的关键阶段,这意味着我们到21世纪中叶将跨越"中等收入陷阱",不断扩大中等收入群体规模,建设橄榄型社会。世界银行2017年关于上中等收入经济体的标准为:人均国民总收入(GNI)处于3 996美元到12 375美元之间,而我国2018年的人均GNI为9 620美元。要跨越"中等收入陷阱"、不断扩大中等收入群体规模,关键问题还是在于农业、农村和农民,核心短板问题还是农业发展模式不够现代,这使得农业产业从业者的生产效率和收入水平与全国以及二三产业相比还有较大差距。从农业产值上来看,2023年,我国第一产业的从业人员有1.69亿人,但人均产业增加值仅为5.3万元,仅相当于第二产业的23.7%、第三产业的27.5%。同时,我国城乡居民的收入差距仍然较大,2023年城镇居民的人均可支配收入为51 821元,而农村居民的人均可支配收入为21 691元,绝对差距约3万元,收入比为2.39①,相比发达国家0.8~1.4的区间水平仍有较大差距。目前,我国仍有4.8亿农村人口,如果解决不好农业生产方式转变与农民增收问题,就无法实现跨越"中等收入陷阱"、扩大中等收入群体规模的目标。因此,重视农业并推动农业生产不断向现代化转变,是全面建设社会主义现代化国家的必然选择。

1.1 研究背景

1.1.1 发展背景

我国历来高度重视"三农"问题。新中国成立初期就把农业作为支撑

---

① 数据来源:根据国家统计局网站查询数据整理计算,https://data.stats.gov.cn/。

国民经济发展的基础产业。改革开放家庭联产承包责任制的改革极大地促进了农业产业的快速发展，也促进了粮食增产和农民增收。进入21世纪以来，国家对"三农"领域的支持政策体系更为丰富，政策工具和政策目标也更为多元，增收减负、财政支农以及精准扶贫成为"三农"工作的重要支撑，财政资金的投入规模也不断增加。根据财政部公布的相关数据，仅2022年，全国在农林水方面的财政投入接近2.25万亿元，占当年全国财政一般公共预算支出决算数（26.05万亿元）的比重约为8.6%[1]，而很多发达国家这一比例仅为1.5%左右（卢成，2020）。经过多年的不懈努力，我国"三农"发展取得了长足进步。但遗憾的是，与日益现代化的工业相比，农业仍然处于生产条件落后、组织经营方式单一的境地，"小农户"与"大市场"的矛盾不断凸显，农民的市场主体意识不强，农业生产成本高，农产品效益低下，农民持续增收缓慢。

农业生产成本逐年上升，亩[2]均利润下降为负。从农业生产成本上看（表1-1），2011—2018年，我国三种主要粮食作物（稻谷、小麦、玉米）亩均生产的总成本年均增长4.7%，其中生产成本年均增长4.4%，土地成本年均增长6.0%。从亩均净利润上看，则从2011年的250.8元下降到了2018年的-85.6元，成本利润率也从2011年的31.7%下降到了2018年的-7.8%。由此可见，我国三种主要粮食作物的生产成本整体呈上升趋势，而亩均净利润则呈下降趋势，农民在当前情况下种地收益较小，甚至出现亏损，这对粮食增产和农民增收都是不利的信号。

表1-1　2011—2018年我国主要粮食作物亩均成本收益情况　　　单位：元/亩

内容	2011年	2018年	年均增长率（%）
总成本	791.2	1 093.8	4.7
生产成本	641.4	868.9	4.4
物质与服务费用	358.4	449.6	3.3
人工费用	283.0	419.4	5.8

---

[1] 数据来源：根据中华人民共和国财政部网站《2022年全国一般公共预算支出决算表》整理计算，http://yss.mof.gov.cn/2022zyjs/202308/t20230825_3904170.htm。

[2] 1亩≈667米^2。

(续表)

内容	2011年	2018年	年均增长率（%）
土地成本	149.8	224.9	6.0
流转土地费用	17.8	41.3	12.8
自营土地折租	132.0	183.6	4.8
净利润	250.8	-85.6	—
成本利润率（%）	31.7	-7.8	—

数据来源：根据《2019年全国农产品成本收益资料汇编》整理计算。

城镇化进程进入平稳期，农民持续增收面临挑战。根据世界城市化进程[①]，在城市化率达到60%之后的时间，城市化进程会逐步进入一个相对成熟阶段，城市化的增速也会逐渐放缓，进入一个相对平稳的阶段。根据国家统计局相关数据，2019年我国常住人口城镇化率为60.6%，城镇化率首次超过60%，2023年为66.2%。城镇化率超过60%后，已进入相对平稳期。在此背景下，我国每年农民工的净增加量和外出农民工的净增加量也整体呈现下降趋势。因此，未来农村人口依靠农民转市民增加收入的路径将会收窄。而从农村居民人均收入构成来看（表1-2），2000年我国农民家庭工资性收入占比、经营净收入占比、财产性收入占比和转移性收入占比分别为31.2%、63.3%、2.0%和3.5%，2011年分别为42.5%、46.2%、3.3%和8.1%，2023年则分别为42.2%、34.3%、2.5%和21.0%。可以看出，从2000年到2023年，我国农村居民家庭经营净收入占比由2/3左右下降至1/3左右，工资性收入占比从2011年以来整体也有所下降，而财产性收入占比水平一直较低。通过分析收入构成变化，可以预期我国农村居民要实现持续增收仍面临着较大挑战。当前通过提供初级农产品、小农户单家独户分散经营来带动农民持续增收已经出现瓶颈，必须通过与农民合作社、农业产业化龙头企业等新型农业经营主体结成利益共同体，延长产业链条，加强农产品深加工，让农民参与二三产业并分享产业链红利，从而促进农民增收。

---

① 从世界城市化进程的发展规律看，城市化过程一般呈现为logistic曲线特征，即城市化的前期（一般为30%以下）较慢，城市化的中期（30%~60%）快速增长，城市化的后期（60%以上）进入平稳缓慢增长阶段。

表 1-2　2000—2023 年全国农村居民人均收入①构成情况　　单位：%

年份	工资性收入占比	经营性收入占比	财产性收入占比	转移性收入占比
2000	31.2	63.3	2.0	3.5
2005	36.1	56.7	2.7	4.5
2006	38.3	53.8	2.8	5.0
2007	38.6	53.0	3.1	5.4
2008	38.9	51.2	3.1	6.8
2009	40.0	49.0	3.2	7.7
2010	41.1	47.9	3.4	7.7
2011	42.5	46.2	3.3	8.1
2012	43.6	44.6	3.2	8.7
2013	38.7	41.7	2.1	17.5
2014	39.6	40.4	2.1	17.9
2015	40.3	39.4	2.2	18.1
2016	40.6	38.4	2.2	18.8
2017	40.9	37.4	2.3	19.4
2018	41.0	36.7	2.3	20.0
2019	41.1	36.0	2.4	20.6
2020	40.7	35.5	2.4	21.4
2021	42.0	34.7	2.5	20.8
2022	42.0	34.6	2.5	20.9
2023	42.2	34.3	2.5	21.0

数据来源：根据国家统计局数据整理计算。

站在新的历史阶段，我国农业发展以及农民增收所面临的瓶颈问题迫切要求农业发展方式由传统农业向现代农业转变。为了促进农业转型、提高农民收入，必须在有限的耕地资源上对传统落后的农业生产条件和生产经营方式等进行改造和变革，提高农业科技含量，不断推动农业现代化发展，通过现代化的农业来促进农民增收。下一步如何制定和改革农业产业政策以及相关的财政支农政策，推动农业现代化进程，有必要从历史探索中获得经验与教训。

---

① 根据《中国统计年鉴（2014）》和《中国统计年鉴（2015）》，国家统计局自 2012 年第四季度开始，对住户调查实施了城乡一体化改革，并对城乡居民的收入名称、分类标准以及统计标准等进行了统一。因此，本书在计算农村居民人均收入构成时，2012 年及之前使用农民人均纯收入数据，2012 年之后使用农村居民人均可支配收入数据。

1.1.2 政策背景

为了推动传统农业向现代农业转变，2007年，党的十七大报告首次提出了"走中国特色农业现代化道路"的战略，并把中国特色农业现代化道路作为中国特色社会主义道路的重要组成部分。为了探索中国特色农业现代化道路，加快现代农业的建设进程，党中央、国务院作出了创建国家现代农业示范区的重要战略部署。为贯彻党中央和国务院的决策部署，2009年11月，农业部首次印发了《关于创建国家现代农业示范区的意见》，开始酝酿和谋划国家现代农业示范区的建设工作。2010年，中央一号文件和国务院《政府工作报告》均对"创建国家现代农业示范区"作出了指示。同年4月，随着《关于2010年申报创建国家现代农业示范区的通知》的印发，正式开启了国家现代农业示范区的创建工作。从2010年开始，先后分三批建设了283个示范区。其中，2010年创建了52个，2012年和2015年分别创建了101个和157个，合并前两批示范区已经认定的重合县（县级市和区、旗），国家现代农业示范区总数达到283个。

国家现代农业示范区是以政府为主导，以农民及合作社等新型农业经营主体等为建设主体，以发展大宗农产品①生产为主导产业，以现代设施装备和生产技术为支撑，以建立农民与合作社等新型农业经营主体之间利益联结、风险共担的经营机制促进农业产业化经营为重点，以促进农民增收为根本目标的现代农业示范区域。国家现代农业示范区一般以县为单位在县域范围内整体推进，促进土地、资金、技术等农业生产要素的优化配置。

国家现代农业示范区创建以来，为保障示范区能够顺利推行实施方案，中央到地方各级政府整合各类财政资金加大对示范区的倾斜支持，优先谋划、优先安排示范区农业项目申报与审批，鼓励社会资本和银行资金投向示范区建设的重点领域等，形成了合力推进现代农业示范区建设的格局。以广东省为例，2013—2016年，累计向12个现代农业示范区②投资111.15亿元，其中中央财政资金0.6亿元，省财政资金9.75亿元，市县财政资金

---

① 大宗农产品：粮棉油糖、畜禽、水产和蔬菜等。
② 12个现代农业示范区包括10个国家级现代农业示范区和2个省级现代农业示范区。

7.5亿元,撬动社会资本及企业自筹资金93.3亿元①。而在政策支持上,主要有三个层面的政策(由于数量较多,未全部列出,部分政策文件情况见表1-3)。

一是党中央和国务院从顶层设计高度出发指明了国家现代农业示范区的发展方向。如2010年中央一号文件和当年的《政府工作报告》、2012—2016年连续5年的中央一号文件以及《"十二五"规划》和《"十三五"规划》中都明确提出要"积极推进……加快推进……深化……国家现代农业示范区建设"等内容,并"发挥国家现代农业示范区的引领作用"。党中央、国务院这些文件的不断出台为国家现代农业示范区的建设创造了良好的政策环境。

二是国务院各部门尤其是农业农村部提出了对国家现代农业示范区建设的落实意见。《关于创建国家现代农业示范区的意见》指出从2010年开始,利用5年时间在全国范围内创建300个左右的国家现代农业示范区;《关于推进农业项目资金倾斜支持国家现代农业示范区建设的通知》明确对一些符合要求的农业项目和资金,坚持面向国家现代农业示范区优先谋划、优先申报、优先安排,确保安排示范区的农业项目资金总量和比重逐年提高;后来,财政部出台相关加大财政支持力度的文件,农业农村部也先后与国家开发银行、中国邮政储蓄银行等部门联合发文,加大金融对国家现代农业示范区的支持力度。

三是各省份结合自身实际对国家现代农业示范区的建设情况提出了具体的操作意见。如2012年4月,江西省农业厅出台《关于进一步推进我省现代农业示范区建设的通知》,提出了国家现代农业示范区建设的具体目标和措施等;其他省份也出台了相关的支持文件。各个省份的这些文件,从国家现代农业示范区的建设意义、建设目标、建设任务、支持举措以及组织领导等方面阐述了建设国家现代农业示范区的具体要求和操作,这对于国家现代农业示范区的落地具有重要的指导意义。

---

① 资料来源:中华人民共和国农业农村部网站。广东省:以现代农业示范区建设为抓手 提升全省农业现代化建设水平,2016-08-04,http://www.moa.gov.cn/ztzl/xdnysfq/jyjl/201608/t20160804_5229397.htm。

表 1-3 关于支持创建国家现代农业示范区的部分政策文件

发文层面	发文时间	发文主体	文件名称	所涉及内容
党中央国务院	2010 年	党中央	中央一号文件	明确提出"创建国家现代农业示范区"
	2010 年	国务院	政府工作报告	提出"积极推进现代农业示范区建设"
	2012 年 1 月	国务院	《关于印发全国现代农业发展规划（2011—2015 年）的通知》	明确将"创建国家现代农业示范区"作为我国"十二五"时期发展现代农业的八项任务之一，并作出全面部署
	2012—2016 年	党中央	中央一号文件	提到"积极推进……加快推进……深化……国家现代农业示范区建设"等内容
各部委	2009 年 11 月	农业部	《关于创建国家现代农业示范区的意见》	提出开展国家现代农业示范区创建工作，用 5 年的时间，在全国范围内创建 300 个左右国家现代农业示范区，这是促进农业增产增效、农民持续增收的重大举措，是引领区域现代农业发展、探索中国特色农业现代化道路的重要载体
	2010 年 12 月	农业部	《关于进一步推进国家现代农业示范区建设的通知》	明确示范区建设的任务目标是突出粮棉油糖、畜禽、水产、蔬菜等大宗农产品生产，保障国家粮食安全；建立农民与合作社、企业利益有机联结、风险共担的经营机制，不断创新农业经营体制机制；努力促进农民增收，促进农村富余劳动力转移就业
	2011 年 2 月	财政部办公厅	《关于做好 2011 年财政支出现代农业生产发展工作的通知》	明确提出加大对国家现代农业示范区建设的支持力度
	2011 年 3 月	农业部办公厅	《关于利用现代农业生产发展资金推进现代农业示范区建设的通知》	明确提出充分利用现代农业生产发展资金，加快国家现代农业示范区建设
	2012 年 6 月	农业部	《关于推进农业项目资金倾斜支持国家现代农业示范区建设的通知》	明确把示范区建设作为加快区域现代农业发展的重要抓手，对符合国家与地方相关专项建设规划和资金安排指导意见的示范区项目，坚持优先谋划、优先申报、优先安排，确保安排示范区的农业项目资金总量和比重逐年提高
	2015 年 9 月	农业部、发展改革委、财政部、银监会	《关于扎实推进国家现代农业示范区改革与建设率先实现农业现代化的指导意见》	明确到 2020 年……一半以上的示范区进入基本实现农业现代化阶段……高标准农田建设任务全面落实，耕地质量大幅提升，现代科技广泛应用，农作物耕种收综合机械化水平达到 80% 左右，多种形式的适度规模经营比重平均超过 60%。农业用水总量有效控制，化肥农药使用量实现零增长，农业废弃物（农膜、秸秆、畜禽粪便）基本实现资源化利用。农民人均可支配收入年均增长 10% 左右……发展目标

（续表）

发文层面	发文时间	发文主体	文件名称	所涉及内容
各省份	2011年4月	甘肃省人民政府	《关于加快推进现代农业示范区建设的意见》	通过建设，使示范区农业生产条件明显改善，主导产业更加清晰，种养加各业协调发展，先进适用技术得到广泛应用，农业装备水平显著提高，农业效益和农民收入快速增长，农业经营机制更加灵活完善，农业生产和农民生活环境更加优美
	2012年4月	江西省农业厅	《关于进一步推进我省现代农业示范区建设的通知》	一是各地要围绕支持示范区建设，在政策上出实招，在投入上拿"真金白银"。二是各地要加强存量资金整合，集中力量办大事，存量投入向示范区倾斜。三是要引导金融机构和工商企业参与示范区现代农业建设
	2012年7月	青海省人民政府办公厅	《关于印发加快推进全省现代农业示范区建设实施意见的通知》	以加快转变农牧业发展方式为主线，以增加农牧民收入为宗旨，推动农牧业与工业、服务业深度融合式发展

国家现代农业示范区作为我国发展现代农业的重要探索，中央和地方资金、项目等倾斜支持力度如此之大，是否实现了促进农民增收的根本目标呢？在目前的相关文献中，少量研究根据统计数据比较得出了国家现代农业示范区农民的收入水平高于全国平均水平的结论，但这无法区分是由于国家现代农业示范区创建导致的，还是由于其本身的"自然发展趋势"导致的。也就是说，我们无法得出由于国家现代农业示范区的创建而提高了农民收入的因果推断。目前也尚未有研究运用计量经济模型准确识别上述政策效果。因此，作为一项政府大力推进的地区导向型农业产业政策，国家现代农业示范区创建是否真正提高了农民收入水平仍需进一步的准确评价。

庆幸的是，政府主导创建的国家现代农业示范区提供了一个比较好的准自然实验，为本书的相关研究奠定了研究基础。鉴于此，本书将国家现代农业示范区的创建视为一次"准自然实验"过程，基于我国2006—2019年的宏观县域面板数据和2005—2014年的微观农户面板数据，运用双重差分方法（DID）和倾向得分匹配—双重差分方法（PSM-DID）等来准确识别国家现代农业示范区对农民收入的政策效果及其作用机制。在此基础上，总结经验与教训，为新阶段新征程，更好地制定现代农业发展政策，提高资源配置效率，科学、合理、高效地促进农民增收提供理论指导和现实依据。

1.2 文献综述

根据研究主题与研究内容，本节主要从地区导向型政策效应评价、国家现代农业示范区以及农民收入的相关研究三个方面对相关文献进行了梳理和总结。文献综述旨在实现以下目标：一是总结目前已有相关研究，为本书研究提供理论基础与文献支撑；二是找出已有研究的缺陷与不足，进而提出本书的贡献与创新。

1.2.1 地区导向型政策效应评价研究

在我国，县域经济区别于传统认知的区域经济；但在国外，不存在像我国的县域这样的行政范围和完整的发展要素。国家现代农业示范区通常实行整县推进，仍属于区域经济的范畴。国家现代农业示范区实质属于一种国际上称之为"基于区域的政策"（Place-based Policy）的产业政策。国内外有大量研究该类政策效应评价的相关文献，通常都是通过将政策的实施视为一次"准自然实验"，进而利用双重差分方法评估政策的作用效果。

在对国外区域政策效应评价的相关研究中，学者们主要探讨了区域政策对就业、工资、投资、产出、生产率等方面的影响，但是由于使用数据以及采用方法的不同，研究结论也有所差异。如 Criscuolo 等（2012）使用企业层面的数据研究了英国一项对欠发达地区投资补贴计划的政策效果，发现该计划对就业、投资和企业净进入产生了积极影响，对全要素生产率却没有什么影响。Greenstone 等（2010）估计了"获胜"县（吸引了大型制造工厂）和"失败"县（新工厂的第二选择）现有工厂之间全要素生产率（TFP）的变化。在新工厂开业之前，获胜县和失败县的 TFP 趋势相似。开业五年后，获胜县现有工厂的全要素生产率提高了 12%。对于与新工厂共享类似劳动力和技术池的工厂，生产率存在明显溢出效应。与空间均衡模型一致，获胜县的劳动力成本增加，表明最终利润的增长低于生产率的增长。Busso 等（2013）将获得特殊政策的地点（如对弱势社区的税收抵免和补贴）与在第二轮中被拒绝或受到政策处理的类似地点进行了比较，得出的结论是，该政策对就业和工资有显著的积极影响。Kline 和 Moretti（2014）通过关注美国支持落后地区的补贴计划，研究了该政策的长期影响，结果发现，该补贴计划对生产率有积极的直接影响。相比之下，Neumark 和 Kolko（2010）使用企业层面数据和地理制图方法评估了加州产业园区政策的有效性。结果表明，产业园区政策并没有增加就业，也没有发现就业向企业园区激励措施所针对的低工资工人转移，因此，该计划在实现其主要目标方面是无效的。Martin 等（2011）的研究也发现，法国对当地生产系统的补贴并未产生积极的影响效果。Schminke 和 Van Biesebroeck（2013）运用企业层面数据，估计了位于经济特区内对企业生产率和出口行为的影响，结果发现，经济特区内的企业出口更多，人均产出更高，资本密集度更高，但一旦选择受到控制，就不会有更高的全要素生产率。在对发展中国家的研究中，主要集中于印度和中国。Chaurey（2017）通过汇总的企业层面数据研究了对欠发达地区实施的税收优惠、基础设施投资等政策在印度的影响，结果发现，由于该政策的实施，区域经济产出、就业、固定资本和企业数量等均大幅增加。这些增长既是由于现有企业的自身增长，也是由于规模更大、生产率更高的新企业的进入。Shenoy（2018）采用空间不连续性方法对同一政策进行了估计，得出结论，由于政策的实施目标地区夜间灯光强度急剧上升，意味着产出增加了28%，且农村公共产品、农业就业和家庭福利同步上升。

在对国内区域政策效应评估的相关研究中，学者们对经济特区政策的研究较多，如 Wang（2013）使用中国城市面板数据，利用双重差分方法，发现经济特区的设立对外国直接投资（FDI）、出口和外国企业产出产生了积极影响，但对其他结果变量的影响较小，也不那么强劲。其他研究关注了不同的经济结果。例如，Cheng 和 Kwan（2000）指出，经济特区所在省份吸引的外国直接投资明显多于其他省份。Head 和 Ries（1996）对国际企业在中国城市的区位选择进行了分析，发现经济特区对区位选择有积极的促进作用，而集聚经济又将这种效应放大。Lu 等（2015）运用中国企业层面数据，将位于经济特区内的企业与跨区域边界的企业进行比较，也发现了积极影响。Zheng 等（2015）利用1998—2007年企业层面的数据，研究了经济特区在中国8个城市的局部溢出效应，结果发现，经济特区对经济特区周围地区的生产力和消费产生了积极的溢出效应。Alder等（2016）基于DID方法，估算了中国经济特区的建立在时间和空间上的变化，结果发现，在地市层面1988—2010年数据的支撑下，一个国家级经济特区的建立与GDP水平的提高是相关联的，可以比其他地区高出约20%，这与内陆省份的子样本中的结果是一致的。经济特区主要通过物质资本积累对经济发展产生积极影响，同时对全要素生产率和人力资本投资也有积极影响。此外，经济特区对邻近地区甚至更远的城市具有积极的、显著的溢出效应。Lu等（2019）对中国省级经济特区的经济效应进行评价，结果显示，经济特区的建设对资本投资、就业、产出、工资水平、企业数量和全要素生产率均产生了积极影响，这种影响主要来自企业的净进入。

此外，还有学者对其他区域政策进行了研究，如白仲林等（2020）对自由贸易区设立政策的经济效应进行了评价，结果表明，自由贸易区的设立显著促进了区域经济增长，但这种效应存在区域异质性，另外政策实施对产业结构升级的影响存在短期波动，但长期存在正向影响作用。屈韬等（2018）的研究还发现，自贸区设立对外商直接投资产生了积极作用。庄汝龙（2019）基于"撤县设区"改革的准实验政策，研究了其对县域经济发展的影响，结果发现，撤县设区显著提高了县域经济水平。Jia等（2020）对中国西部大开发政策的经济效应进行了评价，结果发现，目标地区的年度GDP提高了1.6个百分点，但对非农就业和工资水平的影响不明显。刘生龙等（2009）的研究结论与之基本一致，西部大开发战略通过大量的实物投资特别是基础设施投资促进西部地区经济年均增长1.5%。曾令铭（2020）评估了革命老区振兴发展政策的作用效果，结果发现，革命老区振兴政策的实施显著提高了人均GDP、农村居民人均可支配收入以及一定的创业发展。国家级贫困县政策是中国政府为了改善贫困地区发展水平，促进区域协调发展的一项重要举措。黄志平（2018）和方迎风（2019）采用宏观数据研究了国家级贫困县政策对当地经济发展的影响，结果均发现，贫困县的经济增长更快，且主要通过产业结构优化、固定资产投资提高方式促进了当地经济水平的提高。徐舒等（2020）采用微观农户数据研究了该政策的收入分配效应，结果发现，贫困县内部的收入分配状况明显改善，尤其缩小了低收入家庭与中等收入家庭的差距,这主要通过基础设施投资增加、农业全要素生产率提高和促进外出务工发挥作用。张国建等(2019)、周迪和王明哲(2019)、张楠等(2020)、吴志军和黄显池(2020)将国家扶贫改革试验区的设立作为准自然实验,考察了该政策的经济效应,结果均一致发现,国家扶贫改革试验区的设立对当地经济发展有显著促进作用,同时也有利于农业发展和农民收入的提高以及贫困的减缓,对邻近地区有一定正向溢出效应(张国建 等,2019)。Zheng 等(2017)则测度了中国八大城市建设的110个产业园区对企业生产率、工资和当地制造业就业增长的局部溢出效应,结果发现,这种溢出效应是存在的,并且间接刺激了邻近地区的消费增长。

1.2.2 国家现代农业示范区的相关研究

关于国家现代农业示范区的相关文献,目前学界的研究相对较少。国外由于没有与我国完全相对应的县域经济的概念,故没有与整县推进的国家现代农业示范区相对应的园区建设。因此,国外的研究主要是关于现代农业示范园类的。国外的农业园区有政府强有力的政策支持,也有多元化的金融支持,主要有四种模式。第一种是示范农场,主要是通过建立示范基地,促进农业科技的开发与推广,如美国建立的很多现代农业试验站、示范农场和示范林场等;第二种是休闲农场或观光农园,主要是把农业产业和观光旅游相结合,通过在农场或农园中推动农业观光、休闲旅游等活动,展示新技术、新产品,如新西兰农场、日本空中菜园等;第三种是教育农场,主要以教育为主题,服务青少年群体,通过在农场中提供农业生产相关的知识和体验活动,让青少年在实践中实现相关教学;第四种是农业科技园区,与我国的科技园类似,但不同于整县推进的示范区,主要以展示农业高科技为主,同时为高校连接企业、市场以及农户等提供创新平台,为产业孵化提供载体(江晶,2013)。在对农业园区影响因素的研究方面,Altieri(2009)认为,影响农业园区建设的因素主要有基础设施与商业服务是否完善、管理者是否有足够的水平以及是否建立了合理数量的科学研究站。Miguel(2010)指出,发达国家现代农业发展迅速的有力条件包括农业合作组织的有效建立、农业支持措施的合理利用、宏观管理体制的构建、农业产业组织体系的建立与完善等。Ichard（2010）认为，政府的财政支持和企业的投资支持是农业园区建立和发展的两大重要保障。

当前国内对国家现代农业示范区的相关文献主要从示范区的发展现状和建设模式、不同地区示范区创建的典型案例和示范区竞争力评价以及政策效应评估三个方面进行了研究，本书通过全面梳理后归类如下。

第一类是对国家现代农业示范区的发展现状、建设模式等的探讨和分析。孟召娣等（2018）运用281个示范区的统计数据分析了示范区的建设水平，并针对存在的为了保障国家粮食生产安全与种粮农民增收矛盾等问题提出了相关建议。何亚萍和蒋和平（2017）归纳总结了国家现代农业示范区的主要做法，并根据153个示范区的统计数据分析了取得的成效，并从不同类型国家现代农业示范区的建设中提炼共性的发展经验，还针对国家现代农业示范区存在的问题提出了相关建议。王丽娟和王树进（2012）根据建设主体的差异将各地示范区分为3类，包括政府主体型、企业主体型以及合作社主体型；曾磊和邢慧斌（2011）指出了产业融合是现代农业发展的基本特征，认为现代农业示范区建设应与农业旅游相结合。郭淑敏等（2016）通过对北京市房山区国家现代农业示范区的案例总结，指出了以特色产业支撑、农业龙头企业带动、休闲农业园建设、沟域经济发展、农产品质量安全保障以及智慧农业6个子模式构成的"房山模式"。彭昌家等（2020）则从促进新型农业发展、探索多元模式、促进农业可持续发展3个层面介绍了南充国家现代农业示范区的发展模式。整体来看，不同学者对示范区模式的划分存在一定的主观性。

第二类是对不同地区的国家现代农业示范区的案例研究。这类研究主要以实地调研为基础，总结不同地区现代农业示范区的发展现状和存在不足。宋贤士（2012）通过对山东省平度市国家现代农业示范区的研究发现，平度市大力发展农民专业合作社，通过农民合作社与农业产业化龙头企业和超市等签订购销合同，带领农户进行专业化、标准化发展产业，有效解决了单家独户在生产经营过程中"办不了"或"不好办"的事情，既提高了产品市场竞争力，又有效解决了农户进入市场存在的困难，进而带动农民增收。研究者对张掖市甘州区、新疆维吾尔自治区、江苏省无锡市、福建省建瓯市、河北省石家庄市、山西省运城市盐湖区国家现代农业示范区进行案例研究，介绍了示范区的主要做法，指出了存在的问题，并提出了相应的政策措施（刘岩，2011；赵志信 等，2012；耿鹏，2019）。吴丹（2016）、张云鹏等（2011）分别对广西天等县示范区和西安白鹿塬示范区的规划建设提出了要满足传统农业向现代农业转变的需要、突出示范区特色和地域文化特色以及民俗特点等建议。陈赛楠（2017）对江苏省泰州市国家现代农业示范区的优劣势及制约因素进行了分析，并从创新园区经营模式、强化园区功能定位、实施农业品牌战略和推进可持续发展模式等方面提出推进示范区建设的建议。上述研究主要针对单一的国家现代农业示范区进行研究，这能够让我们看到某一个示范区的具体做法或模式，但这些研究缺乏对示范区的整体把握。

第三类是关于国家现代农业示范区的竞争力评价和政策效果评估的相关研究。如朱绪荣等（2012）采用层次分类方法构建了现代农业示范区指标评价体系，根据这一指标体系可以判定不同地区的国家现代农业示范区的农业现代化水平。高云、矫健（2012）和高云等（2013）以经济学理论、竞争优势理论、比较优势理论等理论为指导，指出了国家现代农业示范区在发展现代农业方面的竞争力，并分析了竞争力的形成与提升路径。高云等（2014）的研究指出现代农业示范区能够通过降低交易成本、加强各行为主体沟通交流和提高农业生产效率等方式，促进示范区农业的发展。高云等（2015）运用"钻石"模型和面板数据研究得出了从生产要素、需求条件、农村农业发展和政策推动等方面提升示范区的竞争力。罗慧和傅建祥（2017）也设计了评价指标体系，并采用模糊层次分析法测算了示范区的发展水平。在国家现代农业示范区政策效果的实证研究中，目前学术界比较少见，曾常林和梅奕欣（2021）利用中国健康与营养调查微观数据（CHNS 2006—2015），采用渐进 DID 模型探究了国家现代农业示范区创建对农村劳动力就业的影响，结果发现，国家现代农业示范区可以显著增加 5.4% 的农村劳动力就业，并且这一结果具有稳健性，说明示范区政策促进了劳动力就业。

综合来看，目前学术界对国家现代农业示范区政策作用效果的研究较少，尤其是通过计量方法准确识别示范区作用效果的研究极少，这不利于正确认识示范区政策的有效性。因此，相关研究的缺位为本书评估示范区的政策效果提供了充分的研究空间。

1.2.3 农民收入的影响因素研究

保障农民增收是发展现代农业的重要任务，也是建设国家现代农业示范区的根本目标之一。国内外学者对农户收入增长的影响因素进行了较多研究。从现有研究成果来看，影响农户增收的因素非常复杂，涉及农户生产生活的各个环节。根据已有研究结论以及本书主要研究内容，本书将影响农户增收因素分为宏观因素和微观因素两类，其中，宏观因素主要包括农业技术、农业生产条件以及农业组织经营方式等方面，微观因素主要包括农户家庭耕地禀赋、人力资本、社会资本和非农就业等方面，与本书研究主题无关的影响因素未列入其中。

从宏观层面来看，农业技术进步、农业生产条件和农业组织经营方式等因素的影响较大。其中，农业技术进步方面，学者们的研究结论有所分歧。大部分学者认为农业技术进步能够增加农民的收入（Rogers，2003；周波 等，2011；刘玉春 等，2013；王爱民 等，2014）。王益松（2004）的研究指出，要素节约型技术进步能够促进农民收入增长，但这种增收效应在需求无弹性的产品中很难体现；张宽等（2017）基于我国1985—2012年的面板数据的研究发现，农业技术进步显著促进了农民增收；马轶群等（2019）基于我国31个省份2005—2017年的面板数据的研究也指出，农业技术进步不仅对农民增收有直接作用，还会通过劳动力转移间接增加农民收入；廖开妍等（2020）基于2002—2017年31个省份面板数据的研究同样指出，农业技术进步能通过对劳动力的替代和释放效应增加农民经营性收入和工资性收入。但也有学者认为农业技术对农民收入有负向影响（黄祖辉 等，2003；刘进宝 等，2004；何延治，2009）。黄祖辉等（2003）基于我国1994—2001年的面板数据对农业技术进步与农民收入之间的关系进行了实证检验，结果表明，农业技术进步不能显著促进农民增收。农业生产条件方面，从农田水利等基础设施建设和农业机械化使用两方面梳理。在农业基础设施建设上，方晓婀等（2009）的研究指出，农业基础设施中的高标准农田、水利设施等的建设和完善，能够增强农业生产抵抗风险的能力，保证农业生产稳定，促进农民增收；同时农业生产条件的改善能够提高农业生产效率，替代农业劳动力，促进非农就业转移，帮助增收；陈银娥等（2012）基于我国1999—2008年省级面板数据的研究指出，农村基础设施投资整体上能够提高农民收入水平，但作用有限；肖泽伟等（2016）基于辽宁省阜新蒙古族自治县的农业生产条件从雨养农业到设施农业转变的案例研究，得出结论，即农业生产条件的改善对于彻底改变传统农业结构、促进农民持续稳定增收具有重要意义；晏强（2014）基于13个粮食主产区的数据研究表明，农村基础设施投资对农民人均纯收入的贡献率均值为12.85%；但也有研究表明，农业生产条件对农民收入的影响不显著。在农业机械化使用上，白人朴（2004）认为，要提高农民的收入水平，最根本的是要提高劳动生产率，而提高劳动生产率的关键便是提高农业机械化水平；周振等（2016）基于2003—2008年的县级数据，采用DID方法和工具变量法，分析了农业机械化对农民收入的影响，研究发现，农业机械化对农民收入有显著促进作用，主要通过提高粮食产出增加农民收入，通过劳动力转移增加农民收入的作用机制不显著；但何延治（2009）基于吉林省1978—2006年数据的研究指出，人均机械动力对农民人均收入的影响呈倒"U"形变化，并且吉林省已到达前者对后者存在负向影响的位置。

农业组织经营方式方面，由于市场因素的存在使得农户收入受到市场风险的制约，农产品价格波动也会对农户收入带来直接影响，而农业产业化、市场化和品牌化运营将有助于增强农户的抗风险能力（Meng et al.，1998；蔡昉等，2005；樊琦，2012；李博，2016）。张庆萍（2014）通过对广西防城港市的村案例调查指出，其"科技公司+种植基地+农户"以及"专业合作社+基地+农户"等组织化经营模式通过引入新品种、学习新技术、实行订单农业等方式降低了农户生产成本，并通过多种途径增加农民收入；顾群（2016）基于对浙江省海盐县、山东省青州市、浙江省宁波市等51个农民合作社与家庭农场合作案例的研究指出，组织化经营对于降低农业生产成本、增加农民收入发挥了重要作用；郭建宇（2008）基于山西省调研数据研究得出，产业化经营对农户的收入、机会和能力上都有积极影响；闫磊等（2016）基于2003—2012年省级农业产业化的相关数据研究得出，农业产业化经营对农民收入增长的边际效应先递增后递减；李云新等（2017）基于2016年微观农户调查数据的研究得出，农业产业化经营能够显著增加农民收入，增收效应在50%以上；田祥宇等（2010）、郭海丽等（2012）的研究也均表明，农业综合开发产业化经营项目能够显著促进农民收入增长。潘盛洲（2003）的相关研究也指出，在稳定农民以家庭为单位经营的基础上，发展农村新型经营主体为农户参与市场竞争与增加收入提供了组织载体。

从微观层面来看，主要包括物质、人力、社会等资本禀赋和非农就业转移等方面。不少学者研究表明，家庭物质资本对农户收入增长有正向影响（刘林 等，2016；夏玉莲 等，2018），单从耕地来看，部分学者认为耕地面积以及耕地质量对农场产出和农民收入的增加有着重要作用（程名望 等，2014，2016），但我国土地分配呈现细碎化特征，部分学者认为土地细碎化有利于农民的多元化种植，从而帮助提高收入和缩小收入差距（李功奎 等，2006；许庆 等，2007），也有学者认为土地细碎化对农户的收入有双重作用，且正面效应更大（刘七军 等，2011），但相当一部分学者指出土地细碎化经营不利于农户收入增加（王秀清 等，2002；秦立建 等，2011；卢华 等，2015）；高梦滔等（2006）基于我国8省1 320个农户跨度15年的面板数据的研究表明，物质资本，包括土地，对于农户的收入差距没有显著影响。

从人力资本来看，Schultz（1975）指出向农民人力资本投资有利于提高其识别和解释市场信息的能力，对优化农户要素配置决策、提高要素配置效率和提升产出技能具有重要作用，有利于农户收入持续增长（Yang et al.，2002；龙翠红，2008，2012）。Akram 等（2011）的研究指出，教育作为人力资本的重要一环，可以在较大程度上填补物质资本的不足。这与魏众（2004）、刘国恩等（2004）的发现是一致的。国内学者也比较一致地认为人力资本对农户增收的作用日益明显，家庭劳动力享受较好的教育、拥有良好健康状况、接受技能培训时，对家庭增收极为有利（周亚虹 等，2010；程名望 等，2014，2016；李博，2016；夏玉莲 等，2018）。王引等（2009）基于中国健康与营养调查（CHNS）的微观农户面板数据研究得出，营养、健康人力资本的积累对农民增收具有显著正向促进作用。孔德议等（2019）基于浙江省的微观农户数据研究得出，农村居民人力资本水平对收入增长具有显著促进作用。此外，潘文庆等（2014）将农户人力资本投资分为教育、健康和迁移进行研究，结果发现，教育投资的收入正向效应最大；高梦滔等（2006）基于我国 8 省 1 320 个农户跨度 15 年的面板数据的研究表明，教育和在职培训所体现的人力资本能够显著拉大农民收入差距，侧面反映出人力资本对农民收入增长的重要作用。

在社会资本方面，许多学者认为社会资本禀赋有利于减少贫困或增加收入（Abdul-Hakim et al.，2010；王恒彦 等，2013；夏玉莲 等，2018）。王恒彦等（2013）基于 679 份微观农户数据的研究表明，农户社会资本会直接影响收入水平，资源网络和关系延续性起到了重要的中介作用；王晶（2013）基于 CHIP2002 的数据研究指出，社会资本的增收效应主要在非农收入上，其中家庭内部规模有利于非农经营收入增长，外部网络有利于外出务工收入增长，社区网络则有利于本地工资收入增长；卫龙宝等（2014）基于安徽省产业集群内茶叶种植户的调查数据研究表明，集群内社会网络的存在促进了知识、信息、技术等的共享，提高了农户的社会资本以及人力资本水平，有利于农户增收；但也有文献持反对意见，认为社会关系网络将穷人结构性排除，穷人无法依靠社会资本实现脱贫；周晔馨（2012）利用 CHIP2002 的数据研究指出，相比于收入水平比较高的农户，收入水平比较低的农户社会资本水平更低，同时其社会资本的回报率也更低。

从非农就业转移来看，有学者认为农村劳动力转移取得非农收入成为推动农民收入增加的主要力量（蔡昉 等，2005；钟甫宁 等，2007）；张贵先等（2006）利用我国 1985—2003 年的面板数据研究指出，农民非农就业转移的增收效应十分显著，且作用较大；较多研究将非农就业转移作为中介因素探索对农民增收的促进作用，如王庶等（2017）基于国家统计局 2006—2010 年的贫困监测数据的研究指出，退耕还林促进了农户外出务工，从而带动家庭收入增长；肖龙铎等（2017）基于中国家庭金融调查数据（CHFS）的研究指出，金融可得性提高能够促进农户非农就业转移，从而促进家庭收入水平提高；刘一伟等（2018）利用 2016 年中国家庭追踪调查数据（CFPS）的研究指出，农户家庭社会资本水平的提高有利于家庭劳动力外出务工，进而带动家庭收入增长，减少贫困发生；李谷成等（2018）利用 2000—2015 年的省级数据，实证检验了农业机械化、劳动力转移对农民收入的影响,结果显示,农业机械化与劳动力转移均对农民增收产生了显著效应,前者还可以通过后者这一中介变量间接促进农户家庭非农增收。

1.2.4 文献述评

通过对上述文献的梳理,可以发现目前学术界对地区导向型政策效应评价、国家现代农业示范区政策以及影响农民收入的因素等方面的研究已经取得了不少成果,为本书的研究奠定了良好的文献基础。国家现代农业示范区实质是一项地区导向型农业产业政策,已有研究对这类政策的效应评估通常将其视为一次"准自然实验",然后利用 DID 方法进行估计。这为本书研究框架的建立和研究方法的选择提供了较大参考。通过对农民收入影响因素的梳理,为本书对作用机制的探讨提供了借鉴。

但是,已有的学术研究仍然存在一些不足之处。首先,在对地区导向型政策效应评价的相关研究中,目前国内外学者们的已有研究主要集中于对第二、第三产业的政策效果进行评估,而对于农业政策的研究相对较少。而且,在众多关于地区导向型政策效应评价的研究中,多数基于省级或地市级的数据进行研究,基于县级层面和微观农户层面数据的研究较少。其次,在国家现代农业示范区的相关文献中,当前学者们的研究大多是以现象考察和案例分析为主,侧重于对国家现代农业示范区的组织模式、运行机制以及存在问题等方面的研究,而国家现代农业示范区创建的根本目标是要促进农民增收,但当前对该政策作用效果的研究相对较少。部分研究采用统计或定性分析方法得出了示范区建设的显著效果,但缺乏定量分析和机制研究。

基于上述分析,在借鉴已有研究成果的基础上,本书的边际贡献主要有以下方面。第一,研究视角上,探究了国家现代农业示范区对农民收入的影响,为地区导向型政策(Place-based Policy)效应评价提供了来自第一产业的实证依据。第二,研究内容上,构建了国家现代农业示范区促进农民增收的理论框架,并在此基础上,实证检验了其作用效果及内在机制。第三,使用数据上,建立了具有全国代表性的县域长面板数据(2006—2019 年),从宏观层面实证检验了国家现代农业示范区对农民收入作用效果及其内在机制。同时，基于具有全国代表性的微观农户面板数据（CHNS，2005—2014年），从微观层面实证检验了国家现代农业示范区对农民收入增长的因果效应，弥补当前区域政策效应评估中鲜用微观数据的不足。

1.3 研究对象、目标与意义

1.3.1 研究对象

（1）研究对象范围

在我国，现代农业示范区包括国家级和省级两个层面。在本书中，仅考虑国家级现代农业示范区，基于以下原因。一是多数省份省级示范区的认定工作在国家级示范区认定结束后才开始实施，部分纳入国家现代农业示范区建设名单的县同时被纳入了省级现代农业示范区建设名单，存在重复情况。二是不同省份省级现代农业示范区建设范围不同，有的以乡镇为单位推进，有的以县为单位推进，缺乏统一标准，而国家级现代农业示范区则主要以县为单位推进。因此，为了保证政策的一致性，本书仅考虑国家级现代农业示范区，全国共计283个。

（2）研究对象类型

283个国家现代农业示范区中主要以县和地级市为主进行整体创建（其中，地级市整体创建是指地市内的所有主要农业县区均为国家现代农业示范区的创建单位），同时还包括少数以省级、乡镇、农垦（含建设兵团）和军区为单位进行创建的示范区，具体创建类型分布情况见表1-4，其中以县为单位创建的共计228个，占比80.57%；以地级市整市创建的共计40个，占比14.13%；以省级、乡镇和农垦（含建设兵团）一级创建的比较少，共计13个，占比4.59%；此外，还有2个军区示范区，占比0.71%。为了增强样本的可比性，本书仅保留了整县和整地级市创建的示范区，将省级、乡镇、农垦（含建设兵团）和军区示范区（共计占比5.3%）进行了剔除，从而剩下228个县级示范区和40个地市级示范区。由于整市推进是指地市内的所有农业区县均为国家现代农业示范区的创建单位，故将地市级示范区内的主要农业县区筛选出来，共同代表地市级示范区，而其他非农业县区则进行剔除。进一步地，为了提高县与县之间的经济可比性，本书剔除了地级市的市辖区和民族自治县、自治旗相关创建单位，只保留了县、县级市和旗的示范区创建类型作为研究对象，而不考虑其他创建类型的示范区。

表 1-4　国家现代农业示范区创建类型及数量占比

示范区类型	整县推进	整地市推进	农垦（含建设兵团）	省级推进	乡镇推进	军区	合计
数量（个）	228	40	8	3	2	2	283
占比（%）	80.57	14.13	2.83	1.06	0.71	0.71	100

注：整地市推进是指地市内的所有农业区县均为国家现代农业示范区的创建单位。

1.3.2　研究目标

围绕研究主题，本书的研究目标主要有以下几方面。

一是发现性研究。主要是通过对当前国家现代农业示范区政策已有文献的研读，发现已有研究存在的不足之处，提出本书的研究视角和研究内容，弥补当前对国家现代农业示范区政策研究的不足。通过文献梳理发现，当前研究中对国家现代农业示范区政策效果的研究尚有不足，国家现代农业示范区是否发挥了增加农民收入的作用效果，尚未有利用计量模型得出的准确的因果推断，这为本书研究问题的提出留下了空间。因此，本书将采用双重差分模型等计量工具准确识别国家现代农业示范区对农民收入的影响。

二是探索性研究。通过对已有文献和国家现代农业示范区政策的研究，提出本书的理论分析框架，对当前国家现代农业示范区影响农民收入理论研究的不足做出补充，并以理论分析框架为指导探究国家现代农业示范区对农民收入的影响，通过构建计量模型，准确识别国家现代农业示范区的政策效果。

三是解释性研究。在理论基础的支撑下，探析国家现代农业示范区影响农民收入的作用机制。该目标是对国家现代农业示范区发挥政策效应的渠道研究，为国家现代农业示范区对农民收入的影响效果提供富有说服力的结论参考。

总的来看，上述三个研究目标是相辅相成的，共同为本书的最终目标服务，即国家现代农业示范区是否对农民收入产生了影响，如果是，产生这种影响的作用机制是什么。

1.3.3 研究意义

我国是一个传统的农业大国，而在"新四化"同步发展的新阶段中，农业现代化依然是"短板"，农业基础依然薄弱、农民增收仍然困难。因此，如何在"经济新常态"的背景下不断强化农业的基础地位、持续提高农民的收入水平，是我们必须破解的一个重大课题。而国家现代农业示范区的建设，作为我国推动农业现代化发展的重要探索，无疑为破解这一难题指明了一条道路。

（1）理论意义

当前国家现代农业示范区的创建与农民增收的理论体系尚不完善，理论研究的滞后难以发挥对实践的指导作用，容易导致理论与实践产生脱节。新阶段新征程农村产业政策的制定也迫切需要相关理论研究的支持和指导。鉴于此，本书通过梳理相关理论基础，深入分析和探究了国家现代农业示范区对农民增收的作用效果及其内在机制，丰富和完善了示范区同农民增收的理论体系，为后续开展理论层面的相关研究提供了支撑，并为实践层面的农村产业政策的制定提供了理论指导。同时，本书的理论构建也是传统改造农业理论、经济增长极理论以及诱导技术创新理论等理论基础的延伸拓展。

（2）实践意义

研究国家现代农业示范区对农民收入的影响及其作用机制，有助于中央和地方政府充分认识国家现代农业示范区的作用，找出国家现代农业示范区在推动农民收入增长的过程中还有待解决的问题，为进一步对国家现代农业示范区如何科学、合理、高效地促进农民增收提出相应的政策建议。同时，科学的评估有利于分析农业产业政策在带动农民增收时应该做什么以及采取什么方式更为有效，从而为中央和各级政府下一步农业产业政策的制定和改革以及政策评估提供参考。同时，对新型农业经营主体以及农民双方如何更好进行利益联结，实现发展与增收"双赢"提供借鉴。总的看来，本书相关研究对于实践中审慎、稳妥地推行农业产业政策和制度，减少与避免农业发展中的无序状态，促进有序交易和资源配置效率的提高，有效、合理地释放农业产业政策红利、促进农民增收具有重要的现实意义。

1.4 研究方法

（1）文献调研法

国家现代农业示范区的研究需要大量的文献和数据资料，对于国家现代农业示范区相关数据和资料的查阅、收集、整理、校对等将是开展研究的首要步骤。本书以 2010 年以来全国范围内创建的国家现代农业示范区为研究对象，涉及范围广、时间跨度较长，需要通过多种方式和渠道获取相关资料和数据，主要包括书籍、论文、政策文件、研究报告、新闻报道、政府部门批复和通知以及各种公开统计资料等。此外，通过文献调研，可以对当前国内外的相关研究成果进行系统梳理和分析，给本研究提供借鉴。

（2）规范分析法

结合文献调研，本书在传统农业改造理论、经济增长极理论、诱导技术创新理论等相关理论基础的支撑下，深入探究和分析国家现代农业示范区对农民收入的影响，并从示范区创建促进农业生产条件改善和促进农业产业化经营两个层面提出作用机制，丰富和完善国家现代农业示范区建设与农民收入增长的理论体系，系统、全面地揭示国家现代农业示范区政策影响农民收入的内在机制。

（3）计量分析法

计量分析法是通过构建计量模型对研究内容进行因果推断的方法，能够对文章提出的研究假说进行验证。本书在理论分析的支撑下，收集、整理不同类型的统计数据，构建双重差分、倾向得分匹配—双重差分等计量经济模型，实证检验国家现代农业示范区对农民收入的影响效果及其内在机制。计量模型的使用能够让国家现代农业示范区政策效果的因果识别具有可信性。

(4) 案例分析法

通过案例分析的形式，可以具体说明"为什么"和"怎么样"的相关问题，并且通过对研究对象的实际状况进行探索和分析，能够提炼出因果关系背后的逻辑关系。尤其当多个案例的研究结论都指向同一个最终结论的时候，案例分析的可信度将会更高，甚至揭示某种现象或提出某种规律。因此，为了更直观地说明国家现代农业示范区发挥政策作用的机制，本书还将采用案例分析法进行说明。具体而言，采用实地调研获得一手资料的贵州湄潭盛兴茶业有限公司、黑龙江省龙蛙农业有限公司、四川红原牦牛乳业有限责任公司、河南三高农牧股份有限公司、广西扬翔股份有限公司5个农业龙头企业农业产业化经营的案例作为研究对象，来揭示国家现代农业示范区通过扶持培育新型农业经营主体带动农户增收的具体机制。

1.5 研究创新点

其一，为地区导向型政策（Place-based Policy）效应评价提供了来自第一产业的证据。在对地区导向型政策效应评价的相关研究中，目前国内外学者们的已有研究主要集中于对第二、第三产业的政策效果进行评估，而对于农业的地区导向型政策的研究相对较少。本书在相关理论基础的支撑下以及已有研究的基础上，利用中国在第一产业层面实施的地区导向型政策——国家现代农业示范区政策，探究了农业地区导向型政策的作用效果。这一方面弥补了农业地区导向型政策相关研究的不足，另一方面有利于中央和地方政府充分认识国家现代农业示范区的作用，对于进一步完善规范国家现代农业示范区的发展具有重要的参考意义和价值。

其二，丰富和完善了现代农业园区同农民增收的理论体系。当前国家现代农业示范区政策与农民增收的理论体系尚不完善，理论研究的滞后难以发挥对实践的指导作用，容易导致理论与实践产生脱节。新阶段新征程农村产业政策的制定也迫切需要相关理论研究的支持和指导。本书通过梳理相关理论基础、构建相关理论框架，深入分析和探究了国家现代农业示范区对农民增收的内在机制，为后续开展理论层面的相关研究提供了支撑，并为实践层面的农村产业政策的制定提供了理论指导。

其三，以实证的方式探究了国家现代农业示范区对农民收入的影响及其内在机制。当前学者们对国家现代农业示范区的相关研究大多是以现象考察和案例分析为主，侧重于对示范区建设的组织模式、运行机制以及存在问题等方面的研究，鲜有采用实证研究范式对国家现代农业示范区的政策效果进行定量检验。本书运用 DID、PSM-DID 等计量分析方法对国家现代农业示范区影响农民收入的作用效果及其作用机制进行了定量研究，通过县域创建国家现代农业示范区与否获取处理组和对照组，满足使用双重差分方法的准自然实验要求，让国家现代农业示范区影响农民收入的因果识别具有可信性。

其四，基于县域面板数据和微观农户数据，从宏微观双重视角识别国家现代农业示范区的政策效果。当前在对地区导向型政策效果评价的相关研究中，多数研究采用地级市及以上层面的数据进行分析，采用县级或微观农户层面数据的研究较少。本书弥补了这一不足，同时采用 2006—2019 年的宏观县域面板数据和 2005—2014 年的微观农户面板数据，来识别国家现代农业示范区对农民收入的影响。

第 2 章

我国现代农业园区发展情况

本书的研究对象国家现代农业示范区本质是一种现代农业园区。为了后文的顺利开展,首先对我国现代农业园区的发展情况以及国家现代农业示范区的建设情况进行梳理和介绍,以更好了解政策演进过程。

2.1 我国现代农业园区发展情况

随着农业产业不断发展,我国农业生产方式开始不断从传统农业向现代农业转变。在对农业现代化路径选择的探索中,建设现代农业园区是我国也是世界各国发展现代农业的重要途径之一。现代农业园区并没有一个统一、标准的定义。从名称上看,现代农业园区既包括"园",也包括"区",通常来讲,园的规模要小于区的规模。张天柱(2008)认为,现代农业园区是给予某个区域一定的资金投入,通过现代设施装备和先进的经营管理方式,建立的具有一定规模并能高效运作的集约化农业园。俞菊生(2005)则认为,现代农业园区通过农业技术支撑、现代设施装备、现代经营理念指导建立的现代农业发展方式,通过发挥当地的资源禀赋优势,不仅促进了自身现代农业发展,还能带动周边地区甚至更大区域的现代农业发展。从两位学者的定义上看,前者更倾向于"园"的概念,后者更倾向于"区"的概念。

在国家现代农业示范区创建之前,我国对现代农业园区的探索主要是通过"园"的形式,对于一个县级单位来讲,也就是寻求在点上的突破,而"区"则是实现县域内的全面推进。通过梳理我国现代农业园区的发展历程,从 20 世纪 90 年代后期现代农业园区出现开始,至今已经走过了二十多年,也出现了多种类型的园区,大致可以分为以下几个阶段。

2.1.1 探索起步阶段

20世纪90年代后期,随着我国传统农业逐步向现代农业转变,农业科技园作为现代农业示范窗口应运而生(杨其长,2001),这算是我国最早出现的现代农业园区类型。农业科技园的出现也标志着我国现代农业园区建设进入探索起步阶段。农业科技园一般由各级政府牵头投资兴办,是科技与农业的有效结合,致力于示范和推广农业新技术、新品种、新模式和新理念(郑坤等,2019)。蒋和平(2002)对农业科技园下过一个定义:农业科技园是在具有一定农业科技水平、一定产业优势以及一定经济基础的郊区和农村划出一片区域,在政府引导下,组织多方主体共同投资建设,以企业化运作方式,以示范和推广新技术、增加农民收入等为主要目标,在一个相对可控的环境条件下,集中投入与开发,以取得较高经济效益。1997年,陕西杨凌农业高新技术产业示范区创建,这可以算是我国第一个国家级的农业科技园,由中央和地方政府共同出资创办。该农业科技园虽然在名称上是示范区,但实际上创建过程中是园的概念,是县域范围内点上的突破。后来,又先后创建了3个同类型的农业高新技术产业示范区,分别是2015年创建的黄河三角洲农业高新技术产业示范区和2019年创建的山西晋中农业高新技术产业示范区以及江苏南京农业高新技术产业示范区。示范区在抢占现代农业科技制高点、引领带动现代农业发展、培育新型农业经营主体等方面发挥了重要作用。

2.1.2 快速发展阶段

进入21世纪,为了进一步加快农业产业化和农业现代化的进程,推进现代农业科技革命,加速农业科技成果转化,也为了正确引导和规范现代农业园区的健康发展,科技部于2001年7月制定了《农业科技园区指南》和《农业科技园区管理办法(试行)》,开始组织实施国家农业科技园区的申报与创建工作。国家农业科技园区的建设与管理坚持"政府主导、市场运作、企业主体、农民受益"的原则,致力于拓展农村创新创业、成果展示示范、成果转化推广和高素质农民培训四大功能。2001年下半年,经各地申报,科技部组织专家评审后,批准了北京昌平国家农业科技园区等21个国家级农业科技园区的创建工作。2004 年又批准了宁波慈溪国家农业科技园区等 15 个国家级农业科技园区的创建工作。这意味着，我国现代农业园区建设进入了快速发展阶段。科技部又先后于 2010 年批准了北京顺义国家农业科技园区等 27 个创建单位，2012 年批准了河北唐山国家农业科技园区等 8 个创建单位，2013 年又新批复 45 个，2015 年新批复 48 个，2016 年新批复 82 个，2018 年新批复 32 个，2020 年新批复 25 个。国家农业科技园区在推动农业科技成果示范、转化和应用、促进农业产业结构调整和升级、引进孵化科技龙头企业以及促进农民就业与增收等方面作出了重要贡献（孙宁 等，2019）。

同时，这一时期全国各地还出现了各种现代农业园、高效农业园、现代农业示范园、现代农业示范区等各种现代农业园区，虽然名称上有区别，但功能上比较接近，也都属于现代农业园区中"园"的范畴。国家农业科技园区的迅速发展标志着我国现代农业园区建设进入了快速发展阶段。

2.1.3 创新推进阶段

国家农业科技园区在各地创建，到了"十二五"时期，随着农业农村发展的积极因素和有利条件不断增多，传统农业受到越来越多的挑战，保障粮食安全、提升农业效益、增加农民收入也面临着越来越多的挑战。

为了响应党中央和国务院的安排部署，农业部于 2009 年启动创建国家现代农业示范区工作，这也标志着我国现代农业园区建设进入了创新推进阶段。从 2010 年创建第一批国家现代农业示范区开始，我国现代农业园区的建设便开始以构建现代农业产业体系、现代农业生产体系、现代农业经营体系、示范推广现代农业技术、创新体制机制、培育新型农业经营主体、拓展农业新功能的现代农业示范区为主。2010 年中央一号文件和 3 月的政府工作报告中均对国家现代农业示范区的建设作出了专门部署，之后连续多年党中央、国务院、各部委、各省份也均有相关的政策安排，比如 2012—2016 年中央一号文件、《"十二五"规划》《"十三五"规划》等均明确提出积极创建国家现代农业示范区，加大政策和资金支持力度等。国家现代农业示范区的创建名单在农业部名额分配的基础上，各省以县或地级市为基本单元进行省内竞争上报，最终由农业部审核认定创建名单。2010 年 8 月，农业部批准创建北京市顺义区等 52 个第一批国家现代农业示范区，后来又分别于2012年1月和2015年1月批准了第二批101个和第三批157个国家现代农业示范区的创建工作，合并之前重合的创建单位，国家现代农业示范区的数量共计283个。

国家现代农业示范区与之前出现的其他类型现代农业园区有所不同，属于本书所说的现代农业园区中"区"的范畴。国家现代农业示范区是以县、地市为单位开展的，实行整县、整地市推进，着眼于整个县域，覆盖范围远远大于以前所称的"园"，能够包括若干个"园"。过去的现代农业园区主要以技术创新和推广为主，而国家现代农业示范区不仅要考虑产业调整和主体培育等内容，更要考虑体制机制创新等内容。此外，过去的现代农业园区主要是农民、合作社、企业等微观主体在探索，更加注重生产效益和经济效益，而国家现代农业示范区是政府为承担主体，组织区域内的多种主体共同探索农业现代化，对应的是整个区域的农业生产。

2.1.4 突破提升阶段

到了"十三五"时期，随着产业格局呈现新变化以及农业农村呈现的新特征，党的十九大首次提出实施乡村振兴战略，这标志着我国农业现代化进入全面推进阶段，而作为国家现代农业探索的重要途径，现代农业园区也迎来了新的机遇。

2016年底的中央农村工作会议提出要大力发展农业产业化，积极发展多种形式适度规模经营，加大农业政策和资金投入力度等，同时指出现代农业产业园对于城乡融合发展、优化农业产业结构、促进一二三产业融合具有重要意义。2017年的中央一号文件正式提出建设现代农业产业园，明确以规模化种养基地为基础，依托农业龙头企业带动，建设集"生产+加工+科技"于一体的现代农业园区。2018—2021年的中央一号文件以及《"十四五"规划》中也均对此作出部署。国家现代农业产业园原则上要求在县以下进行布局，不得整县或跨县创建。[①] 根据相关统计，2017年以来，国家共计批准了151个国家现代农业产业园的创建工作，并带动各地创建了省级、市级和县级现代农业产业园，通过园区化来不断推动现代农业发展。现代农业产业园的出现，

---

① 资料来源：《农民文摘》2020年第5期，2020-05-01。

标志着我国现代农业园区建设进入了突破提升阶段。

国家现代农业产业园原则上要求布局在县以下，实际上仍属于"园"的范畴，要小于国家现代农业示范区的覆盖范围。

2.2 国家现代农业示范区建设情况

国家现代农业示范区是本书的研究对象，得益于其覆盖范围广、带动能力强的优势，整县、整市推进对于县域整体经济的发展具有重要意义。从 2010 年开始，我国先后分三批建设了 283 个国家现代农业示范区。2010年 8 月，农业部认定了河北省玉田县、山西省太谷县（今太谷区）等 52 个县级单位为第一批国家现代农业示范区创建单位，陕西省延安市则成为全国第一个以地级市整地市推进的国家现代农业示范区。随后，2012 年 2 月和 2015 年 1 月，农业部又分两批分别确定了 101 个和 157 个示范区创建单位，合并前两批示范区已经认定的重合县（县级市和区、旗），国家现代农业示范区总数达到 283 个，覆盖全国 31 个省（自治区、直辖市）的 400 多个县级单位，点状分布在各个区域、各种地形当中，共计占地面积 127 万千米^2，约占全国国土面积的 13%，具有较强的代表性（表 2-1）。

表 2-1 国家现代农业示范区分省、分区域分布情况

地区	省（区、市）	国家现代农业示范区数量			
		第一批	第二批	第三批	合计
东部地区（10省、市）	北京市	1	1	1	3
	天津市	1	1	1	3
	河北省	2	4	7	13
	上海市	1	1	1	3
	江苏省	2	8	8	18
	浙江省	2	6	5	13
	福建省	1	4	5	10
	山东省	3	7	13	23
	广东省	2	2	7	11
	海南省	1	2	3	6
	东部地区合计	16	36	51	103

(续表)

地区	省（区、市）	国家现代农业示范区数量			
		第一批	第二批	第三批	合计
中部地区（6省）	山西省	1	2	5	8
	安徽省	2	4	7	13
	江西省	2	4	5	11
	河南省	2	6	8	16
	湖北省	2	3	8	13
	湖南省	2	4	9	15
	中部地区合计	11	23	42	76
西部地区（12省、区、市）	内蒙古自治区	2	3	5	10
	广西壮族自治区	1	2	4	7
	重庆市	1	2	2	5
	四川省	3	4	7	14
	贵州省	1	2	3	6
	云南省	1	2	4	7
	西藏自治区	1	1	1	3
	陕西省	2	2	3	7
	甘肃省	1	2	2	5
	青海省	1	1	2	4
	宁夏回族自治区	1	2	2	5
	新疆维吾尔自治区[a]	2	4	6	12
	西部地区合计	17	27	41	85
东北地区（3省）	辽宁省	3	5	10[b]	16
	吉林省	2	4	5	11
	黑龙江省	3	6	8	17
	东北地区合计	7	15	21	43
总计		52	101	157	283[c]

注：a，新疆维吾尔自治区包含新疆生产建设兵团；b，此处将沈阳2个军区示范区统计在内，后续研究中不包括这两个特殊示范区；c，国家现代农业示范区总计数量为283个，少于三个批次认定示范区数量之和，主要原因在于第三批较多认定整地级市推进示范区，合并前两批该地级市下已经认定的县市后，示范区总数为283个。

2.2.1 示范区分布状况

国家现代农业示范区在空间布局上尊重了现代农业发展水平的现实差异，向农业大省、粮食主产区等进行倾斜，以此突出大宗农产品的生产功能。

在区域分布方面，283个示范区中有88个位于东部地区，占比31.10%；位于中部地区的示范区共计71个，占比25.09%；位于西部地区的示范区共计83个，占比29.33%；位于东北地区的示范区共计41个，占比14.49%。①

在区域类型方面，283个示范区涵盖了农业大省、粮食主产区、沿海地区、西北西南内陆地区以及大中城市郊区等。

在地形分布方面，华北平原、长江中下游平原和东北平原创建的国家现代农业示范区相对较多，得益于这些地区地势比较平坦，同时耕地资源比较丰富。

在主导产业方面，283个示范区位于13个粮食主产省份②的总量达到173个，占比61.13%，这些示范区耕地面积大、土地比较平整、土壤比较肥沃，主要以大宗农产品（粮棉油糖、畜禽、水产和蔬菜等）为主导产业；北京、上海、天津等城市郊区依托资金、技术、信息和市场等方面优势，主要发展占地小、效益高的农业，如设施蔬菜产业、优质绿色农产品等，以水果、蔬菜、花卉等特色产业为主导的示范区占比40.00%左右。③

在行政层级方面，国家现代农业示范区主要以县级单位整县推进为主，共计228个，占比80.57%；地级市整市创建的共计40个，占比14.13%；以省级、乡镇和农垦（含建设兵团）一级创建的比较少，共计13个，占比4.59%，其中省级整体推进示范区有3个，乡镇一级的有2

---

① 各地区国家现代农业示范区累计数字与表2-1中合计数字不符，主要是因为各地区存在第二批和第三批整地级市推进情况，合并前面已经单独认定的县示范区后累计数字会有所减少，此处为最终合并后的数字。

② 13个粮食主产省份包括河北、江苏、浙江、山东、内蒙古、河南、安徽、湖北、湖南、四川、辽宁、吉林、黑龙江。

③ 资料来源：中央政府门户网站．农业部发布会介绍国家现代农业示范区建设有关情况，2015-02-12. http://www.gov.cn/xinwen/2015-02/12/content_2818278.htm。

个，农垦（含建设兵团）示范区有 8 个；此外，还有 2 个军区示范区，占比 0.71%（表2-2）。

表2-2 国家现代农业示范区创建类型及其数量占比

项目	整县推进	整地市推进	农垦（含建设兵团）	省级推进	乡镇推进	军区	合计
数量（个）	228	40	8	3	2	2	283
占比（%）	80.57	14.13	2.83	1.06	0.71	0.71	100

注：整地市推进是指地市内的所有农业区县均为国家现代农业示范区的创建单位。

2.2.2 示范区主要做法

国家现代农业示范区在各级各有关部门的大力支持下，紧紧围绕农业增效、农民增收，在农业发展的全过程集中发力，在突破农业生产瓶颈上勇于探索、大胆创新，着力加快现代农业的发展步伐，为探索中国特色农业现代化道路积累经验。

一是夯实物质基础条件，推进设施装备创新。农业生产条件是发展现代农业的重要基础。各示范区始终把提高设施装备水平作为基础支撑，不断加大资金投入，鼓励农民合作社、农业龙头企业等新型农业经营主体承担项目建设，大力开展农田、水利、机耕路、电网等农业基础设施建设。各示范区夯实物质基础条件主要体现在两方面。一是坚持高标准农田建设。通过高标准农田建设，增加示范区的有效灌溉面积，不断提高农业生产抵御干旱、洪涝等自然灾害的能力。二是不断提升农业机械化水平。各示范区在农机装备升级、农机库房建设等方面加大改革创新力度，不断提高农机装备能力和作业水平（何亚萍 等，2017）。此外，各示范区还围绕提升各类建设主体的物质装备水平，将财政支持重点向新型农业经营主体倾斜。如河南省中牟县对兴建温室大棚每平方米补贴200元，济源市对每个符合标准的精品园区建设给予100万元左右的财政扶持资金，不断提升现代农业的物质基础条件。

二是破解生产经营瓶颈，推进体制机制创新。体制机制创新是发展现代农业的重要推动力。各示范区坚持把改革创新农业经营体制机制作为突破口，通过将中央方针政策与本地区实际情况相结合，在土地确权与流转、农业社会化服务等方面积极探索，持续激发现代农业发展活力。在土地确权与流转方面，各示范区把加快农村土地承包经营权确权颁证工作作为发展适度规模经营的切入点，在确权工作上走在前列；各示范区还通过多形式促进土地流转解决地块细碎化问题，探索形成了土地入股、个人承租、托管经营等多种流转方式，对粮食产量和品质提升具有重要作用。在农业社会化服务方面，健全经营性服务组织参与公益性服务的支持机制，通过上下衔接、横向联合，采取首席专家"跟踪指导"、农技人员"包村服务"等方式，把社会化服务渗透到产前、产中、产后各环节，涵盖种植、养殖、加工的各环节。

三是辐射带动生产农户，推进农业产业化经营。各示范区围绕提升产业化组织带动能力和辐射效应，加大对新型农业经营主体的扶持力度。各示范区把扶持农民专业合作社、家庭农场、农业龙头企业等作为推动现代农业建设的重点内容，在基本建设、财政支持、金融服务、培训交流等方面加大支持力度。通过农业产业化经营将农户与新型农业经营主体联结成利益共同体，通过订单农业等形式促进传统种植养殖业与相关产业实现联动发展，延长了农业产业链，拓展了农业新功能，带动小农户在技术规范、收入增长、产业融合等方面进入现代农业产业体系，较好地解决了小农户与大市场之间的矛盾，促进了农产品的转化增值，实现了小农户的多渠道增收。如河北省威县探索"农业龙头企业+合作社+农户"的利益联结机制和种、养、加、旅一体化的全产业链融合发展模式，通过农业龙头企业带动，合作社把农户联结起来，并为农户提供产前、产中、产后的一条龙服务，不仅带动农户生产出了优质牛奶，还让农户变成"上班族"，直接或间接带动当地农户增收致富。

四是加强产学研结合，推进科技推广应用。要提高农业综合生产能力，确保农民收入持续增长，必须提升现代农业的科技含量。各示范区积极与农业科研机构签署合作协议，加快农业科技成果的转化应用，在良种良法、农机农艺、疫病防控、病虫防治等方面将农业科技拓展到了农业生产的全过程，有效地提高了科技成果转化效率。各示范区还强化队伍建设，布局了一批素质优良的基层农业技术推广服务人员，并通过人才培养与培训机制，不断提高农业技术人员的业务能力，这些技术人员在农业技术推广、病虫害防治、农产品质量安全监管等方面提供技术推广与服务，提升了示范区的农业技术含量，提高了农户的竞争能力。

五是创新投融资服务，拓宽资金来源渠道。示范区的建设离不开资金支持，各示范区不断在投融资方式上进行改革创新，提升资金的使用效率。在投资方式上，河北、安徽、湖南、河南等省份制定了涉农资金整合的管理办法，对同类项目资金统一规划、分类管理、集中使用。通过把分散在各部门的涉农项目和资金在投入区域上进行有效统一，实现资金效益的最大化。在融资方式上，各示范区积极与国家开发银行、中国农业发展银行、农村信用社等金融机构合作，获取长期金融资金支持；各示范区还采取建立担保机构或拓展担保范围的方式，撬动更多资金投入现代农业。其中，在建立担保机构方面，主要由示范区财政注资成立现代农业担保公司，为各类新型农业经营主体发展与建设融资提供担保；在拓展担保范围方面，部分示范区鼓励金融机构在融资产品、抵押物等方面积极创新，引导金融机构大力开发土地承包经营权抵押等贷款，满足新型农业经营主体基础设施建设、生产资料购买等融资需求。此外，各示范区还积极健全农业保险制度，增加农业保险品种，加大农业保险费补贴，不断提高农业保险覆盖面，最大限度降低自然灾害等对农业生产造成的损失。

2.2.3 示范区取得成效

作为全国探索农业现代化进程的重要路径，国家现代农业示范区在加强农业物质装备建设、提高农业经营管理水平、增强农业科技支撑等工作中取得了显著成效，切实保障了农产品的有效供给，显著提高了农民的收入水平。

一是农业物质装备水平不断提高。示范区创建后，各地重点推进了旱涝保收高标准农田、粮棉油作物高产示范基地、小型农田水利工程、畜禽水产标准化养殖示范场等项目建设，使得示范区农业物质装备水平不断提升，主要表现在有效灌溉面积和旱涝保收面积不断增大，农业机械化水平不断提高，农业抵抗灾害风险的能力不断加强，同时缓解了农村青壮年劳动力流失对农业生产造成的不利影响，为现代农业发展提供了有力支撑。

2016年监测评价报告①显示，2015年281个受监测示范区高标准农田面积比重平均为59.6%，高于全国平均水平；农作物耕种收综合机械化平均值达到77.3%，比全国平均水平提高14.3个百分点。

二是农业经营管理水平稳步提升。首先，农业规模化经营方面，各示范区通过积极推进土地经营权流转，引导农户将土地流转给新型农业经营主体，在新型农业经营主体的带动下，大力发展适度规模经营，使得土地适度规模经营比重不断提高。2016年监测评价报告显示，2015年281个示范区土地适度规模经营比重为36.7%，高于全国平均水平。其次，农业组织化经营方面，各示范区通过大力扶持和培育农民合作社、农业龙头企业等新型农业经营主体，积极推进农业合作经营，建立健全农户与新型农业经营主体间的利益联结机制，推进农业产业化经营，显著提高了农业组织化水平。最后，农业社会化服务方面，各示范区通过积极探索新型农业社会化服务体系，健全经营性服务组织参与公益性服务的支持机制，为各类农业经营主体提供了多样化的服务，显著提高了农业社会化服务水平。

三是农业科技支撑能力不断增强。各示范区将农业技术作为第一推动力，通过与科研院所合作，显著提高了科技成果的转化应用，并开发和引进新品种、新技术，实现主要作物良种覆盖率高于全国平均水平（朱绪荣，2014）。各示范区还建立起了农业技术服务队，进行技术服务与技术推广，实现了农技人员到户、良种良法到田、技术要领到人，农业技术推广与服务能力显著提升（何亚萍 等，2017）。同时，各示范区开展组织了多类型的新型职业农民培训活动，并做到长期跟踪、指导和服务，使得农民的科技素质不断提升。2016年监测评价报告显示，2015年281个示范区拥有大专及以上学历的农业技术推广服务人员占比平均为85.8%，持有专业证书的劳动力占比平均为48.4%，均高于全国平均水平。

四是农业产出、农民收入水平稳步提高。首先，农业产出稳步提高。各示范区把提高农业综合生产能力作为发展现代农业的重要任务，通过政策支持和资金投入，充分调动农民的生产积极性，同时探索绿色增产模式，不断挖掘农业增产潜力。2016年监测评价报告显示，2015年281个受监测

---

① 数据来源：农业部.2016年国家现代农业示范区建设水平监测评价报告，2017年。

示范区粮食总产量年均增幅为 1.0%,高于全国平均水平;同时,示范区劳均农林牧渔业增加值突破 3.8 万元/人,是全国平均水平的 2.1 倍。其次,农民收入稳定持续增长。各示范区通过新型农业经营主体带动小农户发展,拓展了小农户的增收渠道,帮助农民人均纯收入水平远高于全国平均水平。2016 年监测评价报告显示,2015 年 281 个受监测示范区农民人均纯收入为 1.37 万元,比全国平均水平提高 20.5 个百分点,同时收入增速高于 GDP 增长率和城镇居民收入增长率。

2.3 本章小结

本章主要对我国现代农业园区发展历程进行了梳理,以及对本书的研究对象国家现代农业示范区建设现状进行了详细描述,有助于加深对政策的理解。四个阶段的现代农业园区都是探索现代农业发展模式的重要路径选择,但也存在较多区别。第一,规模不同。其他类型园区的规模相对于本书的示范区而言相对小一些,更侧重于点上的建设、微观的创新;而本书关注的现代农业示范区范围比较大,是在一个县域范围内实行整县创建,也有部分条件比较好的地级市实行整市创建,范围涵盖辖域内若干个集中连片的县。从规模上来说,本书研究的示范区着眼于整个县域,可以包括若干个示范园。第二,承担主体不同。其他类型园区的承担主体类型较多,根据统计,既有农民、合作社、企业等,也有科研机构;而本书关注的现代农业示范区的承担主体比较明确,是在县市政府的领导下,把区域内的若干个主体组织起来,包括农民、新型农业经营主体、科研机构等,共同参与示范区的建设,而不是某单一主体的"单打独斗"。第三,关注点不同。其他类型园区主要关注新产品、新技术的开发与使用,以及新设施的装备等生产力层面的建设,通过集约利用土地、资金、技术等资源,基于现代生产要素和生产技术,实现生产效率的提升;而本书关注的现代农业示范区除了关注县域内产业结构调整、经营主体培育等方面的内容,还要关注机制体制创新,通过改革生产关系促进土地、资金、技术等农业生产要素在县域范围内的重新整合和优化配置。第四,承担任务不同。其他类型园区主要是农民、合作社、企业等微观主体在探索,侧重于生产力层面建设，同时也更加注重农业生产的经济效益；而本书关注的现代农业示范区是通过地方政府的领导，以资金、政策支持等方式把区域内的多种主体组织起来，共同探索现代农业发展，示范区对应的是整个县域，侧重于粮食以及其他大宗农产品的生产，是挑重担的地区。① 虽然其他三类现代农业园区与本书研究的国家现代农业示范区的概念和范围有所差异，且并非以县为单位整体推进，而是寻求点上突破，但也有较多政策同期支持，因此，为了避免其他三类现代农业园区的政策影响，本书后续将对这三类现代农业园区的政策效果进行控制。

---

① 资料来源：中央政府门户网站. 农业部发布会介绍国家现代农业示范区建设有关情况，2015-02-12. http://www.gov.cn/xinwen/2015-02/12/content_2818278.htm。

第3章

国家现代农业示范区与农民增收的理论构建

3.1 理论基础

由于农业资源禀赋存在差异,因而各地在创建国家现代农业示范区时所采用的方式方法会有差异,但总体上,各地在创建国家现代农业示范区时都要遵循国家提出的政策要求,并且各地对于创建示范区的目标也都是一致的,即促进农民增收、实现农业增产增效。在国家现代农业示范区创建过程中,需要一定的理论基础为其提供发展思路和路径选择。而在相关理论基础中,与示范区建设比较相关的主要有传统农业改造理论、经济增长极理论和技术创新理论。

3.1.1 传统农业改造理论

对农业在国民经济中地位及其发展路径选择的研究中,主要有两种不同的理论观点,一是以阿瑟·刘易斯、费景汉与古斯塔夫·拉尼斯为代表的结构主义发展经济学,二是以西奥多·舒尔茨为代表的新古典主义发展经济学。

结构主义发展经济学家们认为,在传统农业部门和现代工业部门这种二元经济结构条件下,由于农业部门存在大量的"零值劳动力",即使流出也不会影响农业总体产出,这部分隐蔽性失业人口为工业化早期供给了无限劳动力,这也使得现代工业部门的劳动力成本较低,并使得传统农业部门的劳动生产率上升,直到城乡工资水平趋于一致,二者之间的差距逐渐消失。这种以工业为中心的发展战略对很多发展中国家产生了引导,导致其忽视农业发展,主攻发展工业,因而农业对经济增长的作用以及传统农业向现代农业转换的问题也被忽略了。这种发展战略虽然帮助很多发展中国家获得了工业的较快增长,但整体经济水平和人民的生活状况并没有得到明显改善。

因此,很多经济学家开始对以工业为中心的发展战略提出质疑,并开始强调农业产业的发展。其中,以舒尔茨为代表的新古典主义学家们重新审视传统小农经济,并对其改造提出了理论主张。舒尔茨(1964)在《改造传统农业》一书中指出,农业是能够对经济增长作出贡献的,但传统农业无法做到,只有现代化的农业才能做到,因此需要对传统农业部门进行改造。首先,舒尔茨认为,传统农业中农业生产技术和农民使用的生产要素长期保持不变,只能基本维持简单再生产,长期来看是一种处于停滞状态的小农经济。其次,舒尔茨认为,在传统农业中,由于资本的收益率低下,生产者就不可能增加储蓄和投资,故无法打破长期停滞的均衡状态。最后,舒尔茨认为,引进现代的农业生产要素是改造传统农业的关键,这需要从供给与需求两个方面推动;应建立包括农产品和生产要素价格形成机制市场化、生产者自主经营等在内的制度,不要建立大规模的农场,而要通过家庭农场来改造传统农业;此外,对农民进行人力资本投资是除现代物质装备投入外提高农业生产率的决定性因素。

按照上述理论,要改造传统农业,必须要打破传统农业的生产方式。首先,必须对传统农业进行资本投入。这种资本投入并不是主张用于开垦荒地,从而扩大耕地面积,而是主张将资本用于引进新的农业生产要素,比如新品种的引进以及对耕种收、灌溉等现代农业物质装备的使用。其次,对生产者进行人力资本投资。通过向农民提供教育,提高农民运用和掌握现代生产要素的技能,可以提高农业生产率。最后,要注重培育和壮大现代新型农业经营主体(家庭农场、专业合作社、农业龙头企业等),通过新型农业经营主体带动,构建利益共同体,延长产业链,提高农业效益和农民收入。

对于本书的研究对象国家现代农业示范区来说,显然受到了这种理论的影响,在建设过程中能够抓住主要矛盾对传统农业进行改造。在国家现代农业示范区的建设过程中,首先非常注重夯实物质基础条件,推进设施装备创新,奠定发展现代农业的坚实基础;其次重视破解生产经营瓶颈,推进体制机制创新,在土地确权与流转、农业社会化服务等方面积极探索,持续激发现代农业发展活力;同时,注重扶持和培育新型农业经营主体,通过农业产业化经营辐射带动农户增收。此外,还应注重加强产学研结合,推进科技推广应用。不仅与农业科研机构签署合作协议,加快农业科技成果的转化应用,还应强化队伍建设,布局素质优良的基层农业技术推广服务人员提供技术推广与服务,提升示范区的农业技术含量,提高农户的竞争能力。

3.1.2 经济增长极理论

经济增长极理论最早出现于1950年,由法国著名经济学家佩鲁首先提出,后来又有学者不断研究,使经济增长极理论逐渐发展完善。经济增长极理论认为,经济增长并非在各地同时发生,而是先在一些点上出现,在一定条件下这些点成了未来的增长点,然后通过不同的方式和渠道向外扩散,最终对整体经济的发展产生不同的作用效果。增长极出现后会产生极化效应和扩散效应,因此可能对周边区域同时产生正向和负向影响。其中,极化效应是指增长极会对周边地区产生吸引,导致周边地区的生产要素转移到增长极,使得增长极经济累计增长,并获得区域中心地位提升,但却对周边地区产生了负面影响,限制了周边地区的发展,导致两者之间的差距加大。扩散效应会带来正向影响,是指当增长极发展到一定程度后,生产要素会从增长极流动到周边地区,对周边地区的就业、科技、产品输出等方面带来有利"波及",从而带动增长极以外的周边地区的发展,使得发展不均衡或贫富差距逐渐缩小。这一过程又称为"涓滴效应"。具体情形见图3-1。

根据经济增长极理论,在一定的空间范围内,经济增长并非均匀发生,而是由点到面,带动区域经济整体发展。经济增长极理论同时还主张通过政府推动的力量进行集中投融资,共同支持经济增长极的发展,进而带动周边地区发展。创建国家现代农业示范区明显受到了这种理论的影响,与其建设初衷也是相吻合的。由于自然、区位、产业基础等方面的条件差异,不同地区农业现代化的发展水平有所差异。国家现代农业示范区一般选择在农业资源丰富、农业基础较好、具有发展现代农业优越条件的地方创建

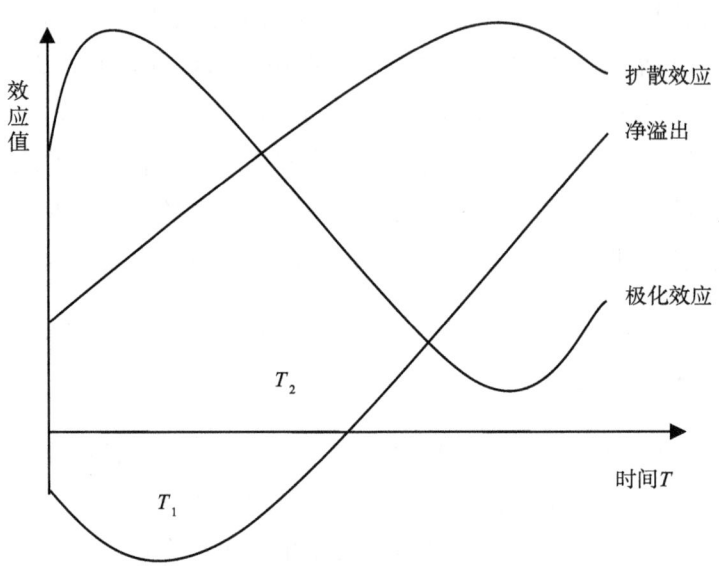

图 3-1　极化效应和扩散效应随时间变化趋势

(江晶，2013)，由政府推动与市场运行相结合，既集聚了有限的财政支农资金，又集聚了大量的社会资金和技术、人才等生产要素。并且，国家现代农业示范区具有自身优势和资源禀赋，拥有培育区域农业主导产业的条件，这是区域增长极形成的基础。通过加大对国家现代农业示范区的投资力度，扩大生产规模，提高物质装备和科技应用水平，大力培育和壮大新型农业经营主体、现代农业龙头企业，延长产业链条，构建现代农业产业体系、生产体系和经营体系，以规模经济和范围经济充分利用有限的资源，从而提高劳动生产率、土地产出率以及资源利用率。由此，国家现代农业示范区成为区域农业经济增长的中心，当示范区的农业生产能力增强以后，发挥其"扩散"效应，将技术、信息、组织等要素辐射到周边地区，带动周边地区应用现代农业生产技术、现代农业经营模式，从而提升整个区域的农业现代化水平，带动农户共同增收。

3.1.3　诱导技术创新理论

诱导技术创新理论是 20 世纪 70 年代初，由速水佑次郎和弗农·拉坦共同提出的。该理论以美国与日本的农业现代化发展为背景，指出一个国家或地区的农业发展对于技术进步路径的选择,是由其所拥有的资源禀赋状况决定的。因此,技术创新主要体现为两种:一种是美国式的机械化技术,这种技术通过机械替代劳动提高人均土地耕种面积,从而不断提高劳动生产率,适用于劳动力资源相对稀缺的国家或地区;另一种是日本式的生物化学技术,这种技术通过使用良种、农药、化肥等现代生产要素投入,提高单位土地面积的产量,从而不断提高土地生产率,适用于土地资源相对稀缺的国家或地区。诱导的技术创新理论认为农业技术的进步不是随着科学和技术的发展而自发进步的产物,实际上是人们对资源禀赋和需求变化的一种反应。诱导的技术创新的发生主要来自三个方面。一是私营部门,由于作为理性生产者,农户会把资金用于能够促进昂贵要素实现替代的技术,由此农户的这种技术需求会通过市场引导私人厂商向这种技术创新努力;二是公共部门,由于农户在市场价格变动的信号引导下会去使用能够节约稀缺生产要素的技术,但对于私人厂商无利可图的技术创新,便会促使公共部门开发新技术,并建设公共平台对技术信息进行传播,从而引导农户采纳节约和提质的技术;三是诱导的制度创新,技术变革会引起经济关系不均衡,从而会导致制度变革。速水佑次郎和弗农·拉坦也认为,提供公共物品的公共部门及其研究人员对农民需求的反应在于组织与制度的作用。只有当农民被合作经济组织共同组织起来,对经济机会的把握可能才是最有效率的。此外,生物化学技术所要求的农田等基础设施的供给,也属于公共物品,需要政府作为,以产生有效的制度供给。正是由于诱导技术创新理论的这三大重要功能,有利于大大提高农业的生产效率,从而推动农业现代化进程。

生产要素和组织经营是我国现代农业发展过程中的主要制约因素。因此,如何提高农业生产条件、改善生产组织经营方式,进而提高农业生产效率、增强其市场竞争力是我国发展现代农业的关键问题。创建国家现代农业示范区也在一定程度上受到了该理论的影响,通过政策和资金的大力支持,可以帮助示范区改善农业生产条件,培育新型农业经营主体带动农户进行产业化经营,实现机制体制创新,建立起现代化的生产体系和经营体系,形成国家现代农业示范区"内生"的创新手段,从而降低传统生产要素和组织经营方式对农业生产的制约,推动国家现代农业示范区农业发展方式向现代农业转变,进而在此过程中带动农民增收。

3.2 机制分析与研究假设

3.2.1 理论分析框架

现代农业产业体系、生产体系和经营体系是促进农业现代化发展的三大重要支撑。构建现代农业产业体系的核心是要提高农业产业的整体竞争力,促进农民持续增收。为此需要从农业产业体系整体谋划,着眼推进产业链、价值链建设,提高农业产业的综合效益和整体竞争力,让农民分享农业产业链条各环节的利益。构建现代农业生产体系的核心是要促进农业供给更好适应市场需求变化、更好适应资源与环境条件,实现可持续发展。为此需要下大力气夯实农业基础,全面划定永久基本农田,大规模推进土地整治、中低产田改造和高标准农田建设,加强水利特别是农田水利建设,提高农业机械化水平,全面提高农业发展的物质技术支撑水平。构建现代农业经营体系的核心是发挥多种形式农业适度规模经营引领作用,形成有利于现代农业生产要素创新与运用的体制机制。为此需要大力发展多种形式的适度规模经营,积极培育新型农业经营主体,引导和支持种养大户、家庭农场、农民合作社、农业龙头企业等发展壮大,并使其逐步成为发展现代农业的主导力量(郭玮,2016)。

在传统农业中,农业生产条件落后、生产经营方式单一是导致农业产出水平不高、农民收入增长缓慢的重要原因。首先,从农业生产条件的角度来看,农田水利等设施装备水平低下导致农业生产力水平难以提高,农产品产量和品质相对低下,不利于农业产出水平和农民收入水平的提高。其次,从生产经营方式的角度来看,单一的小农户或家庭经营方式存在独立生产能力弱和脱离市场等问题,导致"小农户"与"大市场"的矛盾不断凸显,抵抗风险能力弱,农业生产成本高,农产品效益低下,农民收入渠道单一。因而,整体导致农业产出水平不高、农民收入增长缓慢。

国家现代农业示范区是传统农业向现代农业转变的重要探索,是经农业农村部审核并认定的,能够获得中央和地方各级政府的资金和政策支持。

根据国家层面关于现代农业示范区设立文件的相关安排，各示范区结合自身的实际情况，来具体编制示范区的建设方案。尽管由于农业资源禀赋存在差异，各地在创建国家现代农业示范区时所采用的方式方法会有差异，但总体上，各地在创建国家现代农业示范区时都要遵循国家层面提出的政策要求，尤其是在资金来源、资金使用等方面着重向国家政策导向方面倾斜。

因此，考虑到政策实施绩效与资金投向有着密切的联系，本书从资金用途规划角度切入，对示范区建设的资金投向、投向效果与农民收入的关系进行了考察，从而揭示政策实施的作用机制。

表3-1给出了国家层面出台的关于支持国家现代农业示范区建设资金投向的相关政策。

表3-1 关于支持国家现代农业示范区建设资金投向的相关政策

发文主体	文件名称	资金投向
农业部	《关于进一步推进国家现代农业示范区建设的通知》	支持示范区积极申报财政资金项目：现代农业生产发展资金、农业综合开发项目、小型农田水利建设、土地整理、耕地质量建设、农作物良种推广、疫病虫害防控、农业装备技术提升等 支持示范区的主要项目类型：粮食田间工程及农技服务体系建设、棉油糖基地建设、生猪奶牛养殖小区建设、渔政渔港建设、保护性耕作工程、旱作节水农业示范等
农业部、国家开发银行	《关于推进开发性金融支持现代农业示范区建设的意见》	明确以提高粮食等大宗农产品生产能力和促进农民持续增收为中心任务，以示范区主导产业为支持重点，以农业产业化龙头企业、农民专业合作社、家庭农（牧）场和种养大户为扶持主体……力争到"十二五"末，开发性金融支持示范区的融资总量达到500亿元
农业部、中国邮政储蓄银行	《关于邮政储蓄银行资金支持现代农业示范区建设的意见》	明确围绕壮大农业主导产业，瞄准家庭农场、专业大户、农民合作社和农业产业化龙头企业等新型农业经营主体，加大信贷投放、创新融资模式、提升金融服务……力争到2020年，邮政储蓄银行对国家现代农业示范区的涉农贷款余额达到2 000亿元
农业部办公厅、财政部办公厅	《关于做好现代农业示范区以奖代补工作的通知》	明确财政奖补资金重点向核心片区建设和新型农业经营主体倾斜，突出支持适度规模经营和改革创新

根据表3-1的政策梳理以及对各地示范区主要做法的总结中，可以看出，国家及各地支持示范区建设的资金主要投向有两个重点内容：一是用于农业生产条件的改善；二是用于扶持培育新型农业经营主体促进产业化

经营。因而，本书从这两个角度，对应上述导致农业产出水平不高、农民收入增长缓慢的原因（农业生产条件落后、生产经营方式单一），梳理出了国家现代农业示范区带动农户增收的作用机理，构建了国家现代农业示范区影响当地农民收入的理论分析框架，如图3-2所示。

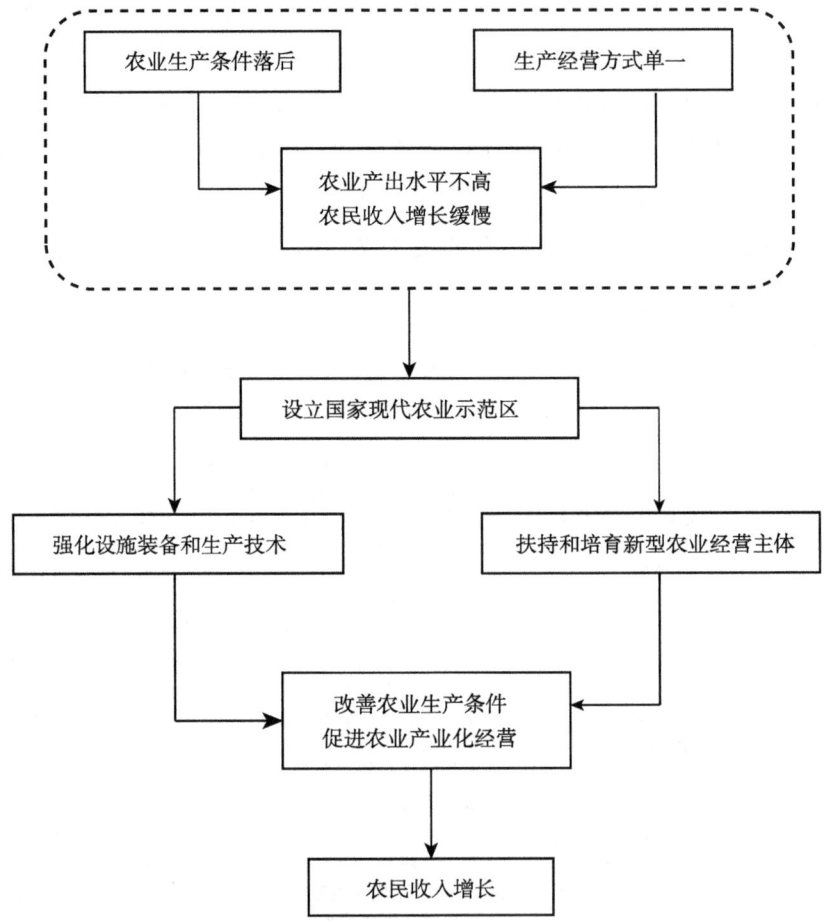

图3-2　国家现代农业示范区对农民收入与农业产出影响的理论分析框架

3.2.2　示范区创建—农业生产条件改善—农民收入

国家现代农业示范区建设的重点内容主要有两个，第一个重点内容是强化高标准农田、设施种养业、农业机械等设施装备水平和生产技术水平，改善当地农业生产条件。农业生产条件的改善可以从两方面发挥作用。

农业生产条件的改善，有利于提高农业生产能力，增加土地产出率，提高粮食等主要农产品的产量和质量（赵勇智 等，2019），同时有利于帮助农户降低农业生产成本，优化土地、劳动、资本等生产要素的配置，提高农业生产效率和市场竞争力，进而帮助实现农业增效和农民增收（肖卫 等，2013）。

农业生产条件的改善，有利于提高农民的农业劳动效率，为其节省农业劳动时间，从而释放农村剩余劳动力，促使其参与非农生产性活动，进而增加收入水平（赵勇智 等，2019；Renkow et al.，2004；Bayes，2001）。

图 3-3 展示了国家现代农业示范区改善农业生产条件的作用机制。

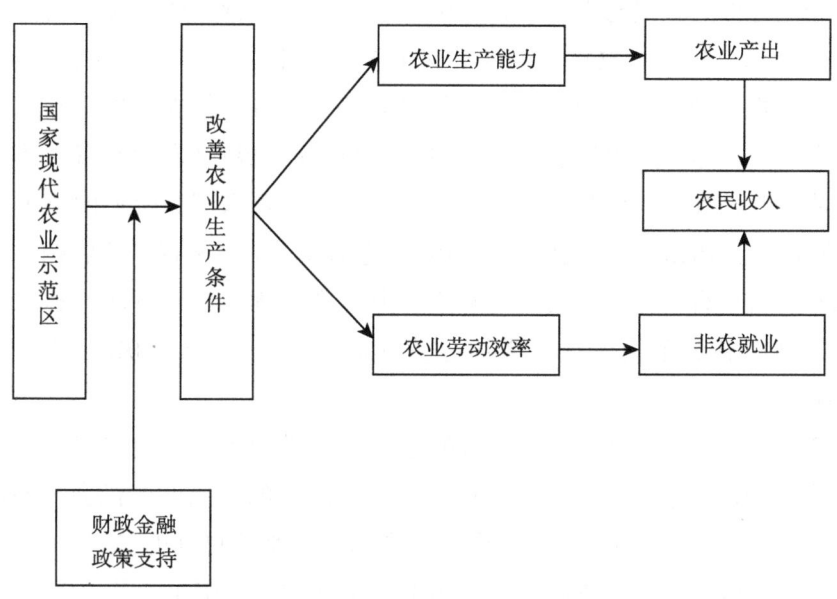

图 3-3　国家现代农业示范区改善农业生产条件增产增收作用机制

3.2.3　示范区创建—农业产业化经营—农民收入

国家现代农业示范区建设的第二个重点内容是扶持和培育新型农业经营主体（家庭农场、农业合作社、农业龙头企业等）推动产业化经营，这是示范区建设的核心内容，以破解农业经营规模小、投入分散、风险大等瓶颈（农业部，2013）。通过在土地、税收和贷款等方面为新型农业经营主体提供优惠政策，支持其进行规模化生产，并进行现代化的加工与流通。

最重要的是，在此过程中，鼓励其通过"企业+合作社+农户""企业+基地+农户"等形式带动农户进行产业化的生产经营，改变传统农业"单兵作战"的小农经营方式。在农业产业化经营过程中，农民和新型农业经营主体成为利益相关者，通过把农业的生产、加工、销售环节联结起来，将生产资料、技术应用、农业生产、加工贮运、批发销售形成一个有机整体，对人力、资源、信息、技术等要素进行组织，获得价值增值，进而帮助农户增加收入，提高农业产出水平（余涛，2020）。具体而言，新型农业经营主体可以通过以下机制带动增收和增产。

第一，新型农业经营主体可以直接将产业链延伸到农业生产端，通过订单合同等形式直接与农户合作。由于新型农业经营主体把握市场需求状况的能力高于分散的农户，可以根据市场需求来指导农户安排农业生产，并为农户提供种子、化肥以及技术指导等特色服务，使农户进行专业化和标准化生产，帮助其提高农产品产量与质量。同时新型农业经营主体通过参与农副产品加工、销售、流通等环节，能够实现农产品价值的显著提升（卫龙宝 等，2015；赵勇智 等，2019），进而通过溢价或保护价收购形式让利农户，订单合同还能帮助农户减少农业生产过程中的经营成本和交易费用，提高产品竞争力，进而增加经营性收入（田泽浩，2018；张林 等，2020）。

第二，新型农业经营主体数量的增加和规模的扩大，能够带来产业集聚和产业链价值增长，可以为当地农民提供潜在的非农就业机会（Nguyen et al.，2015），从而促进农村剩余劳动力向工资水平更高的二三产业转移，获得更高的收入水平（刘晓光 等，2015；刘伟 等，2017）。

第三，新型农业经营主体通过对土地等生产要素进行集聚以扩大生产规模，通过适度规模经营形成规模经济效应，降低生产的边际成本，获取更多收益，继而通过租金等形式转移给农民（余涛，2020）。而转出土地的农民获得租金收入的同时，还能减少农业劳动时间消耗，从而增加从事非农劳动时间，进而提升工资性收入（张林 等，2020；余涛，2020）。

第四，农户还可以以土地、房屋、机械设备、资金、劳务等向新型农业经营主体入股，与新型农业经营主体之间建立起"权益共享、风险共担、互惠共赢"的合作关系，有机会获得经营利润的分成，增加财产性收入

（苑鹏，2013）。

第五，新型农业经营主体还会通过技术研发与推广间接带动农户增产增收。具体而言，为了保证农产品的产量和质量，新型农业经营主体会介入农户的生产环节，除了上文提到的为农户提供符合要求的种子、化肥等物品，从源头上确保技术含量，还会通过农业技术培训与服务帮助农户采取新的生产理念、使用新的生产技术，提高农业生产能力并转化为生产力，从而帮助农户提高农产品的质量或产量，进而帮助其实现增收（余涛，2020）。

图 3-4 展示了国家现代农业示范区通过扶持培育新型农业经营主体带动农户增产增收的作用机制。后文第 8 章中仍有具体的机制分析过程。

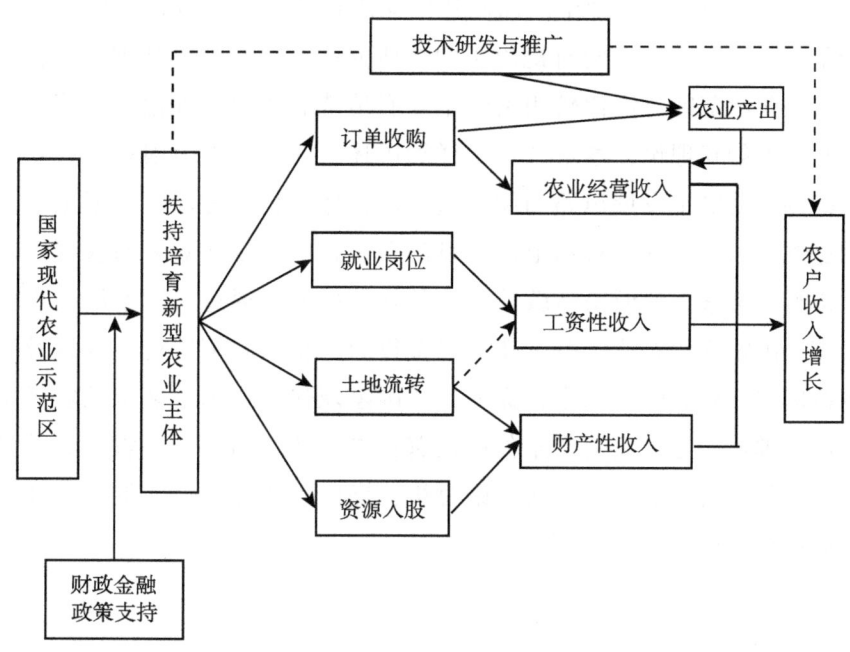

图 3-4　国家现代农业示范区促进农业产业化经营增产增收作用机制

3.2.4　研究假设

综上所述，国家现代农业示范区能够获得财政、金融等政策的倾斜措施，有利于改善当地的农业生产条件和生产经营方式，进而提高农民收入水平。并且，随着国家现代农业示范区创建的时间越久，意味着当地能够获得中央到地方持续的政策支持。国家现代农业示范区可以借助政策优惠不断积累有利于农民和农业发展的因素，通过"循环累积"效应持续改善当地的农民收入水平。基于以上分析，本书提出如下研究假设。

H1，国家现代农业示范区的创建能够增加农民收入，并且具有持续性。

H2，国家现代农业示范区提高农民收入的作用机制：改善农业生产条件、培育新型农业经营主体促进产业化经营。

3.3 本章小结

本章主要目标是从理论层面阐述国家现代农业示范区促进农民增收的理论基础和作用机制，同时提出了两个研究假设。在理论基础方面，与国家现代农业示范区建设比较相关的主要有传统农业改造理论、经济增长极理论和技术创新理论，本章进行了详细阐述，这些理论为国家现代农业示范区的创建提供了发展思路与路径选择。在作用机制方面，本章主要从资金用途规划角度切入，对示范区建设的资金投向、投向效果与农民收入的关系进行了考察，从而揭示政策实施的作用机制。通过对国家层面出台的关于支持国家现代农业示范区建设资金投向的相关政策进行梳理以及对各地示范区主要做法的总结中，提炼出了国家现代农业示范区带动农民增收的作用机理：一是农业生产条件的改善；二是扶持培育新型农业经营主体促进产业化经营。最后，根据理论分析，提出了研究假设，待后文通过实证检验进行验证。

第 4 章

国家现代农业示范区与农民增收的实证策略

4.1 数据来源与处理

本书使用的数据主要有宏观县级和微观农户两个层面的面板数据,同时分别将其与国家现代农业示范区的名单相匹配,构成了宏观层面的县域面板数据和微观层面的农户面板数据,数据来源及处理过程具体如下。

4.1.1 县域面板数据

在宏观层面,本书基于数据连续性和变量可得性,建立了 2006—2019 年的县域长面板数据[①]。数据来源渠道包括但不限于历年《中国县域统计年鉴》、历年《中国城市统计年鉴》、历年各地级市统计年鉴、历年各县统计年鉴、CCER 经济金融数据库、ESP 经济统计数据库、国家信息中心国信房地产信息网数据库、国研网数据库、中国经济社会发展统计数据库以及农业农村部、省级人民政府、省级农业农村厅等官方网站搜索等,确保所需变量均可以得到。收集到的样本信息包括人口情况、地区生产总值、财政、金融、教育、农民收入、农业生产等多个方面。本书之所以将样本区间确定为 2006—2019 年,主要是因为 2006 年是全面取消农业税的年份,而这一制度改革对农业产出和农民收入的作用效果已经被大量研究所证实。因此,为了更加有效地评估国家现代农业示范区的政策效果,本书将样本区间选在 2006—2019 年,这样可以较好地避免因为全面取消农业税这一政策实施

---

① 在数据建立过程中,需要查阅大量资料补充各个县级面板数据,而不同地方公布的指标内容、时间等均不一致,2020 年及以后年份的数据缺失较为严重,为了最大限度保证面板数据的连续性,故数据只收集到 2019 年。

所导致的估计误差。

由于样本数据时间跨度较长，所需变量数量较多，且存在更换名称、撤县设区、撤县设县级市或直接撤销等情况，对于前后有缺失年份以及其他有较大出入的县予以删除，保留了前后变化不大或没有变化的县，同时由于本书主要以县、县级市和旗创建的示范区为研究对象，因此在收集数据时省略了地级市的市辖区和民族自治县、自治旗相关单位，只保留了县、县级市和旗的数据。在实际创建过程中，基于数据可得性和完整性，本书收集到了25个省（区、市）的数据，没有涉及北京市、上海市、天津市和西藏自治区、青海省、新疆维吾尔自治区，前三个均为市辖区，且行政级别较高，与其他省份县级单位缺乏经济可比性，后三个省份样本中则是因为变量缺失情况比较严重。在上述初步筛选和剔除存在数据质量问题的样本后，本书获得了25个省份1 609个县级单位2006—2019年的面板数据，样本量总数为22 526个。但这并非最终使用样本，进一步处理情况后续进行说明。

4.1.2　微观农户数据

在微观层面，本书使用的数据来自中国健康与营养调查（简称CHNS）。该调查是一项跟踪调查，截至目前，该调查共进行了11轮（1989年、1991年、1993年、1997年、2000年、2004年、2006年、2009年、2011年、2015年和2018年）。1989年，调查一开始包括江苏、山东、河南、湖南、湖北、贵州、广西和辽宁8个省（区），1997年黑龙江替代辽宁，2000年辽宁重新加入，覆盖省（区）增至9个，2011年再次增加北京市、上海市、重庆市3个直辖市，2015年又再次增加浙江省、云南省和陕西省3个省份，共计15个省（区、市），涵盖中国东部、中部、西部和东北地区，具有较强代表性。该调查涉及城镇和农村个人及家庭比较完整的信息，详细包括了人口学特征、工作与就业、资产与收入、农业生产经营活动等各个方面。由于2018年数据官方尚未对外公开，因此笔者只得到了1989—2015年的调查数据。

在数据处理上，首先，由于CHNS根据问卷模块进行数据存储，且个人数据与家庭数据分开存储，因此需要对众多子数据库进行合并。本书首先合并以个人为单位的数据文件，根据研究需要，合并了个人人口学特征、农业活动参与情况、工作与就业情况以及健康状况。合并完个体数据后，将个人数据通过住户编码匹配合并到对应家庭数据中。其次，由于CHNS数据库从1989年到2015年跨期26年，跨期较长，许多问题发生了变化，一些数据也缺失比较严重，并且考虑到2000年调查之前存在更换样本省份的情况，为尽量满足研究问题和确保平衡面板数据样本数量，以及与宏观县域面板时间尽量相对应，本书使用数据范围为2006—2015年，采集到的数据对应年份为2005—2014年（后文若无特殊说明，均指采集到数据所对应的年份），数据具体年份为2005年、2008年、2010年和2014年，既包括第一批和第二批国家现代农业示范区创建前的数据，也包括创建后的数据，为使用DID方法进行相关检验奠定了良好的数据基础。CHNS的调查样本兼具随机性与代表性，在研究农民收入及农业生产相关文献中被广泛使用，其最大的优势在于其为面板数据，为研究提供了较大便利。

4.1.3 国家现代农业示范区名单

本书最重要的识别策略变量为国家现代农业示范区。该变量数据来自农业农村部官方网站公布的三批关于国家现代农业示范区的创建名单。网站公布的示范区数量总共为283个，共计覆盖400多个县级单位（包括县、县级市、市辖区、自治旗、自治县示范区，不包括省级、乡镇、农垦、生产建设兵团和军区示范区），但为了增强样本的可比性，本书以县、县级市和旗的示范区作为研究对象，收集到了此三类示范区覆盖的313个县级单位的名单。

4.1.4 国家现代农业示范区名单与县域面板数据匹配

一是将国家现代农业示范区名单与县域面板数据进行匹配，最终匹配上的示范区县数量为300个，没有匹配上的13个县包括西藏1个、青海4个、新疆7个，另外还有1个县的数据缺失；二是由于甘肃省5个示范区中有4个市辖区，经过剔除后仅剩1个县级市示范区，缺乏代表性，故将甘肃省剩余62个样本县整体予以剔除。经过上述处理后，县级层面数据变为24个省份1 547个县2006—2019年的面板数据。其中，示范区县为299个，非示范区县为1 248个,观测值总数为21 658个。

为了消除通货膨胀的影响,本书借鉴 Li 等(2016)、张国建等(2019)的做法,用2000年为基准的居民消费价格指数(CPI)对所有的名义变量进行平减,同时考虑到不同省份通胀情况可能不一致,对各县所有名义变量除以其所在省份的 CPI 指数。此外,本书还对所有绝对数变量取对数,以此来减小异方差的影响。对于数据具体使用情况,后续还会进行说明。

当前的全样本分布情况见表4-1。

表4-1 县域面板数据样本分布情况

地区	全部县数	示范区县	非示范区县	地区	全部县数	示范区县	非示范区县
东部地区	423	119	304	西部地区	514	58	456
河北省	122	18	104	重庆市	13	3	10
山东省	85	43	42	陕西省	81	14	67
江苏省	41	17	24	云南省	85	6	79
浙江省	53	13	40	贵州省	62	5	57
福建省	58	17	41	四川省	126	17	109
广东省	55	8	47	内蒙古自治区	73	5	68
海南省	9	3	6	宁夏回族自治区	13	2	11
中部地区	478	79	399	广西壮族自治区	61	6	55
安徽省	61	11	50	东北地区	132	43	89
山西省	96	13	83	辽宁省	35	15	20
河南省	105	17	88	吉林省	36	10	26
湖北省	60	13	47	黑龙江省	61	18	43
湖南省	80	15	65				
江西省	76	10	66				

4.2 识别策略与内生性处理

4.2.1 基本的双差分(DID)模型

资金、政策等投入国家现代农业示范区,具有"国家现代农业示范区—获得资金、政策支持—发挥支农效应"的传递机制,当在其他特征的变化保持稳定的情况下,农民收入是否受到影响就可以直接归因于是否是国家现代农业示范区的创建单位。为了准确识别国家现代农业示范区对农民收入的影响,需要对其他影响农民收入的因素进行过滤,其中最理想的方法是,分别勾画一条国家现代农业示范区 2010 年以来在未得到示范区相关倾斜政策情况下的农民收入趋势曲线,通过与其实际的(也就是得到了示范区相关倾斜政策情况下)农民收入曲线对比,两者的垂直距离就是示范区创建对农民收入的影响效应。但这条反事实的农民收入曲线我们是无法得到的。于是,另外一个能够对"示范区创建—支农绩效"因果关系进行准确识别的方法是:分别获取国家现代农业示范区县在受到政策干预前后的农民收入情况的数据信息,同时寻找一组能够与国家现代农业示范区县进行对照的"标杆",这组"标杆"除了不受示范区政策干预外,其他特征与国家现代农业示范区县在政策干预前无差异,当国家现代农业示范区政策执行后,这组"标杆"县仍然保持原来的农业生产模式。这样一来,被创建为国家现代农业示范区而导致的农民收入增加效应,就可以等价于示范区县与这些"标杆"县农民收入的差异。

  双重差分方法(DID)是识别这类因果关系常用的方法。这种方法已经被广泛地应用于政策项目实施效果评估中,该方法的本质就是在两次差分的情况下,可以将时间趋势和个体特征差异对估计结果的影响加以排除。国家现代农业示范区的创建把全部的县级单位划分成了实验处理组和对照组,处理组(示范区县)受到政策倾斜,而对照组(非示范区县)不受政策影响,并且处理组(示范区县)和对照组(非示范区县)在政策干预前无差异,那么政策干预后的差异就是由政策执行导致的。国家现代农业示范区的创建并非真正意义上的"对照实验",但可以近似看成一项"准自然实验",因此,可以采用 DID 方法来估计国家现代农业示范区设立对当地农民收入的影响。其中,将入选国家现代农业示范区创建名单的县作为"处理组",受到相关政策干预,将未入选国家现代农业示范区创建名单的县作为"对照组",不受相关政策干预,农业生产按照原有的模式增长。在控制其他因素不变的基础上,通过计算两类县在国家现代农业示范区创建前后的"双重差"就可以有效检验国家现代农业示范区对当地农民收入的"净"

影响。

4.2.2 示范区创建的随机性检验

DID 方法进行政策项目效果评估的一个重要识别前提是在政策干预前参与对照的两个样本组具有同质性或者说具有高度的相似性，这样才能保证在政策干预后导致的差异是由政策干预造成的。也就是说，如果处理组和对照组的样本在政策干预前具有较高相似性，那么可以认为政策干预是随机发生的，只有当政策干预尽可能是随机发生的，DID 方法进行效果评估才是恰当的。但在前文介绍国家现代农业示范区时已经发现，示范区的建立并非偶然事件。在本书中，国家现代农业示范区创建的非随机性主要包括两方面。一是政策干预地点的非随机。由于以省级农业农村主管部门为代表的上级政策制定者通常偏好于选择发展条件较好的县作为政策试点地区，示范区的选取也通常优先在拥有丰富的农业资源、农业基础较好和发展现代农业具有优越条件的地方进行建设（江晶，2013）①。二是政策干预时间的非随机。国家现代农业示范区的创建是分批次进行的，而前后批次认定创建的县可能不是随机的。因此，示范区的创建可能不满足随机分组的假设。在进行政策效果评估之前，如若不对由于处理组和对照组初始条件的不完全相同而导致的内生性问题进行解决，那么模型的估计结果将不仅包括政策效应，还混杂着国家现代农业示范区的"自选择效应"，从而导致模型估计结果存在较大偏差。

4.2.2.1 基本经济特征描述

县域面板数据中包含了代表各县经济发展水平的多个变量，本书首先对部分指标的特征进行了计算与统计，具体情况见表 4-2。2009 年属于国家现代农业示范区创建前（2010 年以前），2019 年属于国家现代农业示范区创建后。可以看到，在国家现代农业示范区创建前后，除了人均财政支出指标外，示范区县在人均地区生产总值、人均财政收入、城乡居民人均储蓄、人均年末金融机构贷款、农村居民人均纯收入、农林牧渔业总产值

---

① 示范区的申报流程是：各县或地级市主动申报并省内答辩竞争，省级农业农村主管部门根据各地申报材料和答辩结果确定推荐名单上报农业农村部，最后由农业农村部审核认定并公布示范区名单。各省份的具体指标由农业农村部确定。

和粮食总产量等指标上均比非示范区县高,同时,示范区县的人口居住更加聚集,本地固定电话用户数量更多,但农林牧渔业从业人口所占比例和人力资本水平相对要低。也就是说,从统计数据上来看,示范区的创建可能确实不是随机的,但若要得出确切结论,仍需要通过计量模型进行检验。

表4-2 县域面板数据样本县基本经济特征描述

基本经济特征(均值)	2009年		2019年	
	示范区县	非示范区县	示范区县	非示范区县
A 经济指标:(当年价,元)				
人均地区生产总值	25 367.81	17 504.51	57 826.1	43 569.47
人均财政收入	1 292.508	846.733 5	4 628.057	2 786.255
人均财政支出	2 665.477	2 963.415	9 289.758	10 550.57
城乡居民人均储蓄	12 239.37	9 622.484	43 785.86	34 520.53
人均年末金融机构贷款	12 039.02	7 773.806	43 828.84	32 001.92
农村居民人均纯收入	6 271.595	4 709.661	18 507.17	15 038.79
农林牧渔业总产值(万元)	410 440.5	239 138.4	795 123.1	499 307.4
粮食总产量(吨)	439 275.3	259 646.5	465 159.8	299 173.7
B 生产生活条件				
人口密度(人/千米²)	407.359 9	311.650 1	461.268 8	325.697 8
农林牧渔业从业人口占总人口比重	0.240 2	0.268 5	0.187 8	0.231 5
本地固定电话用户数(户)	129 287.8	73 016.21	58 756.96	34 560.44
万人均普通中学在校学生数量	544.335 1	566.548 6	424.018 5	460.680 2

4.2.2.2 示范区创建的随机性检验

借鉴张斌彬(2013)、庄汝龙(2019)的做法,本书首先运用政策开始前(即事前时点2009年)的县级横截面数据对国家现代农业示范区创建的随机性进行检验,也即考察决定一个县被批准(或不被批准)创建国家现代农业示范区或先后批次创建示范区的因素。

针对干预地点的非随机性,本书运用政策开始前(即事前时点2009年)的县级横截面数据进行检验,将示范区虚拟变量D_c作为被解释变量,若该县最终被批准创建示范区,则取值为1,否则取值为0;其他可能影响示范区创建地点的因素作为解释变量，模型设置如下：

$$D_c = \alpha + \beta X_c + \varepsilon_c \tag{1}$$

针对干预时间的非随机性，本书仅运用全部最终被批准创建示范区的县在政策开始前（即事前时点2009年）的县级横截面数据进行检验。T_c作为被解释变量，表示示范区的创建批次（1、2、3）；其他可能影响示范区创建批次的因素作为解释变量，模型设置如下：

$$T_c = \alpha + \beta X_c + \varepsilon_c \tag{2}$$

模型（1）和模型（2）中，X_c表示一系列可能影响国家现代农业示范区创建的因素。根据研究对象的实际情况，以及借鉴张斌彬（2013）、Qi等（2019）和唐跃桓等（2020）的研究，更重要的是基于数据的可得性，本书选取的影响因素包括地区经济发展水平（人均GDP对数值）、人口密度（总人口数/县域面积）、农民人均收入（对数值）、农业发展水平（第一产业增加值/GDP）、产业结构（第二产业增加值/GDP）、政府财政收支规模（公共财政收入/GDP、公共财政支出/GDP）、金融发展水平（城乡居民储蓄余额/GDP、年末金融机构各项贷款余额/GDP）、基础设施和信息化水平（本地固定电话用户数对数值）、人力资本水平（在校中学生数量/总人口数）、农业劳动力比例（农林牧渔业从业人数/总人口数）。ε_c表示随机扰动项。

表4-3分别给出了基于模型（1）和模型（2）的设定下，影响国家现代农业示范区创建的各主要因素最大似然估计（MLE）的边际效应，结果显示：在对示范区创建地点的影响上，有较多变量显著，说明国家现代农业示范区的创建地点的确是非随机发生的，而是与农民人均收入、农业发展水平、产业结构、基础设施和信息化条件等因素存在一定关系；在对示范区创建时间的影响上，也有较多变量具有显著影响，说明国家现代农业示范区的创建时间也存在一定的非随机性，经济发展水平、政府财政收支规模、人力资本水平更高的县更容易优先成为示范区的创建单位。

表4-3 国家现代农业示范区随机性检验的回归结果

项目	政策干预地点随机性 模型（1）	政策干预时间随机性 模型（2）
经济发展水平	0.265（0.215）	-0.719*（0.402）

(续表)

项目	政策干预地点随机性 模型（1）	政策干预时间随机性 模型（2）
人口密度	-0.000 1（0.000 3）	-0.000 2（0.001）
农民人均收入	1.344***（0.345）	-0.262（0.711）
农业发展水平	4.634***（1.275）	0.792（2.231）
产业结构	2.229**（0.998）	2.308（1.555）
政府收入规模	6.138（4.867）	-17.194**（6.689）
政府支出规模	-2.350（1.756）	-6.029*（3.114）
城乡居民储蓄	0.201（0.306）	0.360（0.943）
年末金融机构贷款	-0.140（0.349）	0.979*（0.589）
基础设施和信息化水平	0.466***（0.113）	-0.163（0.222）
人力资本水平	-0.001***（0.001）	-0.002**（0.001）
农业劳动力比例	1.296（0.881）	-0.544（1.816）
LR chi2（n）	152.92	38.44
Log-likelihood	-654.253	-271.083
Pseudo R-sq	0.135	0.07
观测数	1 538	298

注：***、**、*分别表示估计结果在1%、5%、10%的统计水平上显著；括号内的数字为在县级层面聚类的稳健标准误（本章下同）。

总的来看，经过本节对国家现代农业示范区创建的随机性检验，可以发现，示范区县的经济发展水平要好于非示范区县，先创建的示范区县条件要好于后创建的示范区县，这都体现了国家现代农业示范区创建的非随机性。这些初期的差异可能会潜在地影响地区的农业生产能力和农民收入水平，从而给 DID 模型识别国家农业示范区对农民收入影响效应的内部有效性带来干扰。也就是说，本书的识别前提无法通过一个县是否被批准创建国家现代农业示范区而自动满足。

4.2.3 潜在内生性处理

国家现代农业示范区的创建具有非随机性，存在"样本自选择"问题。因此，为了获得更可信的处理效应系数，本书采用三种方法缓解可能存在的内生性问题。

第一，对表4-3中显著的初期异质性条件进行控制，这对于DID估计值的可信度具有重要影响（Ravallion，2008）。通过对显著的初期异质性条件进行控制，可以一定程度上排除其他影响因素的干扰。

第二，由于国家现代农业示范区的申报是通过各县或地级市主动申报，并通过省内答辩竞争获得推荐资格，因此，最终获得资格的县通常相较于省内其他县具有更高的农民收入水平，本书也看到表4-3中农民人均收入对示范区创建地点的选择具有非常显著的影响，表4-2中也显示，示范区县的初期（2009年）农民人均收入水平要远远高于非示范区县①，这种初期的巨大差异会给因果关系的识别带来较大偏差。因此，为了增加样本的可比性，本书借鉴张斌彬（2013）的做法，舍去各省份非示范区县样本中初期农民收入水平"绝对较低"②的观测值和示范区县样本中初期农民收入水平"绝对较高"③的观测值。这种做法虽然损失了一定数量的样本，但增加了处理组和对照组样本初期水平的相似程度，提高了样本的可比性，更有利于提高研究结果的可信度。同时这也再次证明了两个子样本初期农民收入水平的差异较大，如果采用全样本回归，在处理组与对照组收入累积分布曲线存在较大方差的情况下，很有可能因为均值回归谬误，使得估计结果出现偏差。因此，后续本书将基于精炼后的样本进行实证检验，精炼样本共计有1 085个县2006—2019年的面板数据，其中，示范区县280个，非示范区县805个，观测值总数为15 190个。

表4-4是基于精炼样本对示范区县和非示范区县在政策干预前后的基本经济特征描述。可以看到，2009年时，虽然示范区县的一些经济指标仍好于非示范区县，但相较于全样本，精炼样本中明显缩小了两者之间的差

---

① 2010年之前，两个组别的县各年农民人均收入分布曲线的重叠性不高，非示范区县各年的农民收入分布曲线均呈左偏峰，具有厚头薄尾的特征，而示范区县各年的农民收入分布曲线具有一定的正态分布形状，并且峰值出现在非示范区县农民收入分布曲线峰值以后。
② 根据样本数据，如果某非示范区县的农民人均收入在过去4年中有至少3年（2006—2009年，国家现代农业示范区创建前）低于本省示范区县中的最低收入，那么该非示范区县的初期农民人均收入水平被定义为"绝对较低"。
③ 根据样本数据，如果某示范区县的农民人均收入在过去4年中有至少3年（2006—2009年，国家现代农业示范区创建前）高于本省非示范区县中的最高收入，那么该示范区县的初期农民人均收入水平被定义为"绝对较高"。

距，说明精炼样本的可比性有较大提高，这有利于本书准确估计示范区的政策效果。

表 4-4 精炼样本基本经济特征描述

基本经济特征（均值）	2009 年		2019 年	
	示范区县	非示范区县	示范区县	非示范区县
A 经济指标：（当年价，元）				
人均地区生产总值	23 275.31	20 751.19	53 778.18	49 687.99
人均财政收入	1 163.98	983.689	4 144.633	3 245.95
人均财政支出	2 548.968	2 678.841	9 029.394	9 228.028
城乡居民人均储蓄	11 377.35	10 990.34	41 230.9	38 157.47
人均年末金融机构贷款	10 624.73	8 968.695	40 147.48	35 715.95
农村居民人均纯收入	6 086.697	5 549.015	17 983.66	16 941.93
农林牧渔业总产值（万元）	403 031.2	292 828.8	781 092.7	591 749.5
粮食总产量（吨）	450 864.5	301 936.4	483 294	326 744
B 生产生活条件				
人口密度（人/千米^2）	399.581 4	388.370 4	416.236 1	405.575 5
农林牧渔业从业人口占总人口比重	0.243 2	0.249 4	0.190 7	0.216 0
本地固定电话用户数（户）	121 331.1	89 137.36	52 820.98	42 759.43
万人均普通中学在校学生数量	542.890 9	574.806 3	461.739	460.447 3

表 4-5 给出了基于精炼样本的影响国家现代农业示范区创建的各主要因素最大似然估计（MLE）的边际效应，可以发现，与全样本相比，精炼样本中农民人均收入对政策干预地点的随机性影响不再显著，其他变量的影响情况基本没有太大变化。这再次证明了示范区创建的非随机性，应在回归模型对这些初期异质性条件进行控制。

表 4-5 精炼样本随机性检验的回归结果

项目	政策干预地点随机性	政策干预时间随机性
	模型（1）	模型（2）
经济发展水平	0.667 *** （0.250）	-0.413（0.476）

(续表)

项目	政策干预地点随机性 模型（1）	政策干预时间随机性 模型（2）
人口密度	-0.000 1（0.000 3）	-0.000 1（0.001）
农民人均收入	-0.189（0.445）	-0.018（0.803）
农业发展水平	4.520***（1.459）	1.591（2.444）
产业结构	1.497（1.207）	3.244*（1.678）
政府收入规模	7.070*（4.127）	-21.923***（7.005）
政府支出规模	0.951（1.620）	-6.729**（3.245）
城乡居民储蓄	-0.311（0.363）	1.680（1.030）
年末金融机构贷款	0.067（0.347）	1.384**（0.622）
基础设施和信息化水平	0.612***（0.122）	-0.379*（0.222）
人力资本水平	-0.002***（0.001）	-0.003**（0.001）
农业劳动力比例	0.730（0.942）	0.589（1.949）
LR chi2（n）	60.23	37.38
Log-likelihood	-582.962 1	-241.002 3
Pseudo R-sq	0.06	0.09
观测数	1 082	279

注：在人力资本水平指标中，分母总人口数单位为万人，分子在校中学生数量单位为人，因此该比值表达的是万人均在校中学生数量（下同）。

第三，通过对现有研究的梳理，解决内生性问题的主要方法包括：工具变量法（IV）、Heckman两阶段估计法（2SLS）以及倾向得分匹配方法（PSM）（Magee，2003；Baier et al.，2004）等，但是，在实际操作过程中，工具变量法难以找到理想的工具变量，Heckman两阶段估计法在指定选择方程和结果方程方面存在困难，因此倾向得分匹配方法（PSM）逐步受到学者们的关注（Foster et al.，2011；Lee et al.，2015）。为了更好地满足识别条件，本书还将在DID之前采用倾向得分匹配（PSM）的方法重新设计处理组和对照组，然后再采用DID模型识别示范区对农民收入的影响效应。运用倾向得分匹配方法（PSM）的核心思想是为每个处理组样本（示范区县）匹配一个或多个具有相似的可观测指标的对照组样本（非示范区县），使得处理组和对照组在政策冲击（示范区的创建）前尽可能没有统计性差异,也即使处理组样本和对照组样本趋于均衡可比状态,能够近似地认为处理组是在匹配后的总样本中随机确定的,从而减少政策冲击的样本选择偏误所带来的内生性问题。本书样本量比较大,各县在政策干预前的经济水平、农业发展水平、人口等特征的变异信息均能够获取,这为处理组(示范区县)匹配新的对照组(非示范区县)提供了可能。

PSM 方法首先通过 Logit 模型或 Probit 模型估计出每个县创建国家现代农业示范区的预测概率,然后根据预测概率将示范区县和非示范区县样本进行匹配,这样就可以匹配后的非示范区县的结果作为示范区县的反事实结果。虽然 PSM 方法能够最大限度地解决样本选择偏差问题,但其也存在不足,即该方法只能依靠可观测到的变量进行估计,而无法消除不可观测因素可能对估计结果带来的影响(Dehejia,2005)。因此,Heckman 等(1998)、Caliendo 等(2008)指出可以将 PSM 方法和 DID 方法相结合,在 PSM 匹配基础上,利用 DID 方法基于相互匹配的样本计算得出的处理效应能够有效减少样本自选择问题带来的估计偏误,这样可以充分发挥 DID 方法通过利用面板数据和双差分来有效控制不随时间变化和随时间同步变化等不可观测变量的影响的优势。因此,通过这两种方法的结合能够更好地识别出政策效应。

基于上述考虑,本书将以精炼样本为基础,采用 PSM-DID 方法对可观测和不可观测因素进行有效控制,校正样本选择偏差,从而更为准确地识别出示范区对农民收入的平均处理效应。

4.2.4 PSM-DID 模型设定

4.2.4.1 样本匹配模型

本书将采用前文的模型(1)估计每个样本县创建国家现代农业示范区的预测概率,也即倾向得分:①

$$D_c = \alpha + \beta X_c + \varepsilon_c \tag{1}$$

此处的变量选取为表 4-5 中显著的变量,包括地区经济发展水平(人

---

① 本书也同时采用了 Probit 模型对倾向得分进行了估计,结果没有明显变化,后文不再进行报告。

均 GDP 对数值)、农业发展水平(第一产业增加值/GDP)、产业结构(第二产业增加值/GDP)、政府收入规模(公共财政收入/GDP)、政府支出规模(公共财政支出/GDP)、金融发展水平(年末金融机构贷款余额/GDP)、基础设施和信息化水平(本地固定电话用户数对数值)、人力资本水平(在校中学生数量/总人口数)。借鉴贾俊雪等(2018)的研究,这些变量采用的都是国家现代农业示范区创建前2006—2009年的均值,通过这种处理既保证了这些变量不受示范区创建政策的影响,也有效避免了短期波动的影响。

在为示范区县匹配非示范区县的过程中,较好的匹配方法会使得示范区县和非示范区县有较大的共同支撑区域,即处理组样本与对照组样本预测概率的重叠区间。本书将首先选择核匹配来作为基准的匹配方法,该匹配方法的主要思想是给定核密度函数,将样本概率值代入函数进行计算,与处理组样本概率值接近的赋予较高权重,再使用所有的对照组样本的加权平均值来生成一个虚拟样本,最后将其与处理组的样本进行匹配。为了确保结果的稳健性,本书还将采用常用的最近(k)邻匹配和半径匹配方法为示范区县样本匹配非示范区县样本。其中,最近(k)邻匹配指的是在对照组样本中找寻与处理组样本的倾向得分分差最小的 k 个样本;而半径匹配则指的是在对照组样本中找寻与处理组样本的倾向得分分差小于常数 r 的 N 个样本(Aditya et al., 2019;陈强,2014)。

4.2.4.2 双差分模型

在 PSM 匹配基础上,接下来基于匹配后的处理组和对照组样本进行双差分估计。传统双重差分模型的特征是假设政策在同一个时间点开始实施,即若政策冲击时点一致,那么传统的双重差分模型便能够估计出政策效果,但由于国家现代农业示范区创建时间不一致,因此传统双重差分模型无法准确估计政策效果。借鉴 Beck 等(2010)、Li 等(2016)、范子英等(2017)的相关模型设定,对于政策实施时间不一致的情况,可以使用多时点双重差分模型。多时点双重差分模型与传统双重差分模型最主要的区别在于政策冲击的时点是否一致,如若不同地区政策冲击的时点不一致,那么需要使用多时点双重差分模型对政策效果进行估计,该模型允许每个处理组样本有自己的政策实施年份。国家现代农业示范区的创建分为2010年、

2012年和2015年3个时点,符合多时点双重差分模型的特征,因此采用多时点双重差分模型,并构建如下模型,这也是本书的基准模型。

$$y_{ct} = \alpha + \gamma D_{ct} + \beta X_{ct} + \sum_{k=1}^{3} \delta_k P_{ckt} + \rho_t + \upsilon_c + \rho_t \omega_p + \varepsilon_{ct} \qquad (3)$$

模型(3)中,下标 c 指代县, t 为时间, y_{ct} 是被解释变量,表示第 t 年 c 县农民收入的相关变量。D_{ct} 为核心解释变量,表示反映政策试验的虚拟变量,具体而言: $D_{ct} = treatment_c \times post_t$,其中, $treatment_c$ 为入选示范区虚拟变量,如果在样本期内, c 县被设立为国家现代农业示范区,则赋值为1,否则赋值为0; $post_t$ 为时间虚拟变量,在入选之前年份均赋值为0,入选当年及之后均赋值为1。P_{ckt} 用于控制其他的政策效应(变量选取部分具体介绍); X_{ct} 为控制变量; ρ_t 表示时间固定效应,其作用是捕捉随时间变化的各种因素的影响,如宏观经济形势、经济发展周期等; υ_c 为县固定效应,其作用是捕捉不随时间变化的能够反映县异质性的各种影响因素,如自然资源禀赋、产业基础和区位差异等; $\rho_t \omega_p$ 表示时间固定效应×省份固定效应,其中 ω_p 为省份固定效应,这种做法允许国家现代农业示范区政策在不同省份具有不同的轨迹,以捕捉趋势的影响; ε_{ct} 为随机扰动项。γ 为本书核心关注的估计参数,即国家现代农业示范区对农民收入的平均因果效应,若 $\gamma > 0$ 且显著,表示示范区对农民收入具有显著正向促进作用。

4.2.5 样本匹配质量检验

在PSM-DID方法中,PSM之后、DID估计之前首先要对PSM样本匹配结果的质量进行检验,主要包括平衡性检验和共同支撑区域检验,只有通过了检验,才能准确地估计政策效果。

4.2.5.1 平衡性检验

表4-6第(1)列给出了基于模型(1)的估计结果,可以看到,所有协变量对国家现代农业示范区的创建均具有显著影响,这进一步表明了国家现代农业示范区建立的非随机性。根据各县创建国家现代农业示范区的倾向得分,本书接着采用核匹配方法对样本进行了匹配,其中使用的核函数是二次核函数,采用的带宽是0.06。为了检验匹配结果的可靠性,首先要对匹配前后的协变量进行平衡性检验,也就是检验样本在匹配后是否满

足了条件独立性假定，协变量在示范区县样本和非示范区县样本的分布是否还存在显著差异。本书提供了两种统计指标，一种是单个协变量的双 t 检验，另一种是整体评价，包括 R^2 以及样本匹配前后协变量联合分布是否有显著差异的 p 值等。

表 4-6 后 5 列给出了各个协变量在匹配前后平衡性检验的结果，可以看到，在匹配之前，除了农业发展水平指标外，示范区县和非示范区县样本其他协变量的差异均在 1% 的统计水平上显著，而在匹配之后，所有协变量已基本平衡，这表明示范区县和非示范区县的协变量已经没有显著差异，其分布在示范区创建前是一致的。

另外，根据表 4-7 的协变量联合分布检验的 p 值也可以看出，预测概率的联合分布在示范区县和非示范区县中也是相同的。从而，通过匹配改善了"示范区县"和"非示范区县"的可比程度。图 4-1 的平衡性检验结果也说明了这一点，匹配之前各协变量的分布存在明显差异，匹配后基本没有显著差异。

表 4-6 协变量对国家现代农业示范区创建的影响及其平衡性检验

变量	模型（1）	平衡性检验				
		样本	处理组均值	对照组均值	双 t 检验 t 值	双 t 检验 p 值
经济发展水平	0.614*** (0.048)	匹配前 匹配后	9.485 9.485	9.336 9.473	13.29 0.81	0.000 0.421
农业发展水平	5.862*** (0.351)	匹配前 匹配后	0.230 0.230	0.231 0.231	-0.44 -0.51	0.658 0.608
产业结构	2.550*** (0.257)	匹配前 匹配后	0.466 0.466	0.454 0.462	4.37 1.17	0.000 0.244
政府收入规模	9.435*** (1.089)	匹配前 匹配后	0.042 0.042	0.039 0.041	7.13 1.11	0.000 0.268
政府支出规模	1.674*** (0.463)	匹配前 匹配后	0.120 0.120	0.130 0.119	-7.78 0.55	0.000 0.580
金融发展水平	0.270** (0.107)	匹配前 匹配后	0.418 0.418	0.399 0.416	4.80 0.38	0.000 0.704
基础设施和信息化水平	0.609*** (0.030)	匹配前 匹配后	2.226 2.226	1.941 2.227	18.44 -0.08	0.000 0.936

(续表)

变量	模型（1）	平衡性检验			
		样本	处理组均值	对照组均值	双 t 检验 t 值	双 t 检验 p 值
人力资本水平	-0.002*** (0.000 1)	匹配前 匹配后	584.26 584.26	610.15 585.72	-10.05 -0.50	0.000 0.614

表 4-7 协变量联合分布检验结果

样本	Pseudo R^2	LR chi2	$P>$chi2
匹配前	0.057	982.25	0.000
匹配后	0.001	5.90	0.658

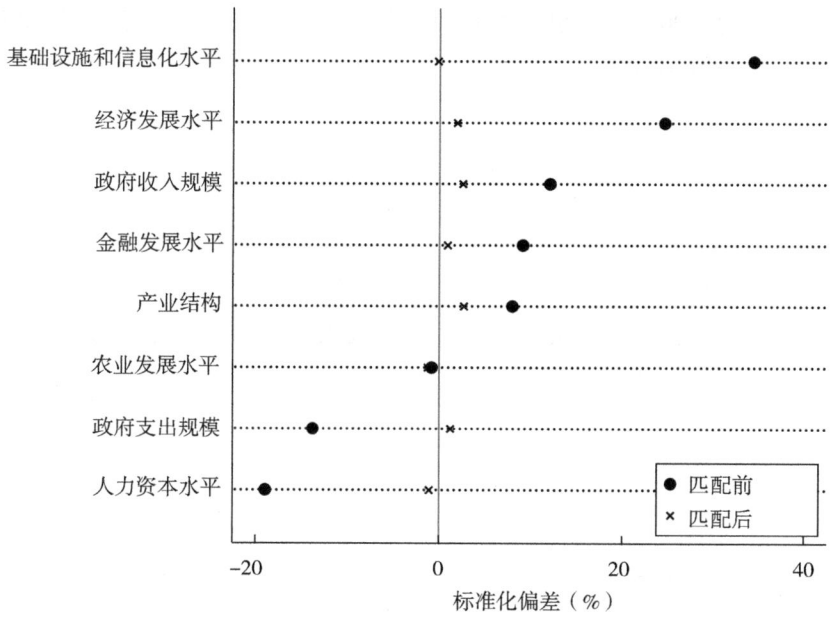

图 4-1 协变量平衡性检验结果

4.2.5.2 共同支撑检验

如果所有示范区县样本预测概率都很高，而非示范区县样本预测概率都很低，那么此时的匹配是无效的，非参数匹配方法只有在共同支撑领域才是有效的（Heckman et al.，2001）。共同支撑假设是指把处理组和对照组中预测概率不在共同支撑领域的样本进行剔除，这虽然会减少一定样本量，但能够极大提高匹配质量。因此，在进行平均处理效应估计之前，本书还需要对匹配后样本的共同支撑假设进行检验，通过这种做法来确保示范区县和非示范区县样本有足够多的重合区域。图4-2给出了示范区县和非示范区县样本预测概率的柱状图，可以看到，示范区县样本均能在非示范区县样本中找到合适的匹配对象，而非示范区县中有部分样本不在共同支撑区域，即没有匹配成功。因此，本书将不在共同支撑区域的样本进行了剔除。图4-3为剔除不在重合区域内的样本后的共同支撑检验图，可以看出，示范区县和非示范区县样本有较大部分重叠，这说明经过匹配后，示范区县和非示范区县样本满足共同支撑假定。共同支撑假设后，本书损失了19个对照组样本县，这些样本县无法找到合适的匹配对象。匹配后，本书样本县数量变为1 066个，其中示范区县仍为280个，非示范区县变为786个，观测值总数为14 924个。

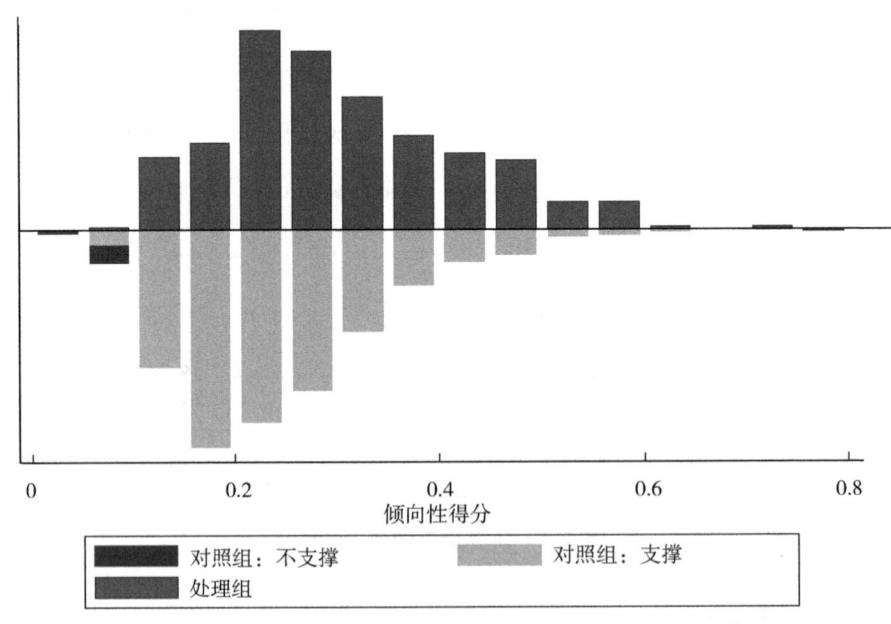

图4-2 共同支撑检验 I

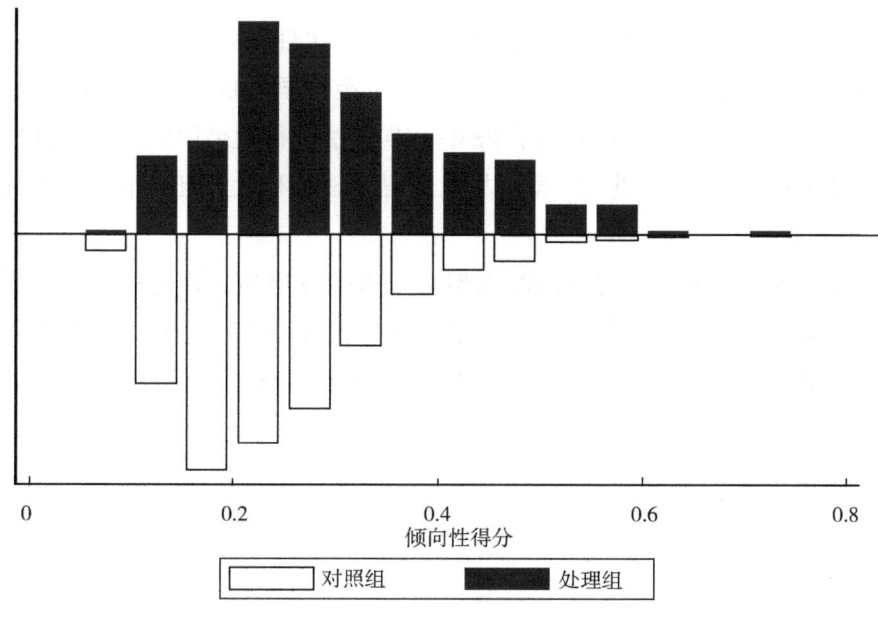

图 4-3 共同支撑检验 Ⅱ

4.3 本章小结

本章主要对本研究的数据来源和内生性问题进行了说明。在数据来源方面,主要有 2006—2019 年的宏观县域面板数据和 2005—2014 年的微观农户面板数据两个来源,识别策略变量国家现代农业示范区名单来源于农业农村部官方网站公布的三批示范区创建名单。其中,在县级数据方面,为了加强样本的可比性,只收集了县和县级市以及旗的数据,没有收集地级市的市辖区、民族自治县和自治旗的数据。考虑到国家现代农业示范区通常选在基础条件相对较好的地方,本研究首先对示范区创建的随机性问题进行了检验,发现示范区的建立确实与经济发展水平、农民人均收入、政府财政收支、金融发展水平以及基础设施条件等相关,最终被确定为示范区的县在多数经济统计指标上也都好于非示范区县,说明了示范区创建具有非随机性。于是本研究主要通过三个方法对示范区可能存在的自选择问题进行处理:一是对于初期异质性条件进行控制;二是删除了各省样本中初期农民收入水平"绝对较低"和"绝对较高"的样本，这样虽然让本研究损失了一定数量的样本，但提高了样本可比性，处理后的样本共计有1 085个县，其中，示范区县280个，非示范区县805个，观测值总数为15 190个；三是本研究还采用了PSM-DID方法进行效果评估，在DID之前通过PSM方法对样本进行匹配，尽量使得处理组和对照组样本没有系统性差异。

本章最后，构建了样本匹配模型和双重差分模型，并对样本匹配质量进行了检验，发现匹配后的样本均通过了平衡性假设检验和共同支撑假设检验，匹配质量较高，这样就可以基于匹配后的数据进行后面的实证检验。

第 5 章

宏观层面国家现代农业示范区与农民增收分析

本章首先利用 2006—2019 年宏观县域面板数据，基于前文构建的双差分模型和 PSM-DID 模型等，从宏观视角识别国家现代农业示范区对农民收入的影响。

5.1 变量选取与描述性统计

5.1.1 被解释变量

本章主要从宏观层面实证检验国家现代农业示范区对农民收入的影响，在对农民收入的衡量指标中，多数研究采用农民人均可支配（纯）收入这一指标，本书同样予以采用，这是最常见的衡量农民收入的指标。

在统计学意义上，我国农民收入的含义经历了一次口径变换：在 2013 年（不包含）以前，国家统计局主要使用"农民人均纯收入"这一指标来统计农民收入情况，它指的是农村居民家庭在当年从各个渠道获得的总收入扣除相应的各项费用后的收入之和。"农村居民人均纯收入"是按照人口数量平均后的纯收入水平，反映了一个国家或地区农村居民家庭的平均收入水平。2013 年（包含）及以后年份，国家统计局改变了原先分割进行的城乡住户调查实施方案，对城乡住户调查实行了一体化改革，并统一使用"居民可支配收入"这一指标来描述居民收入情况，其中农民收入情况开始用"农村居民人均可支配收入"这一指标进行描述。居民可支配收入主要指的是城乡居民可以用于最终储蓄和消费支出的收入之和，也就是居民家庭可用于自由支配的收入，主要由经营净收入、工资性收入、财产性收入和转移净收入四项构成。由于 2013 年国家统计局对农民收入统计口径的变换问题，本书对"农民收入"的衡量既包括2013年以前的"农民人均纯收入"，也包括2013年及之后的"农民人均可支配收入"，但是经过比对和参考相关研究（唐跃桓 等，2020），发现二者的差异较小，并且部分差异能够通过年份虚拟变量进行消除，因此本书对二者不进行区分。考虑到通货膨胀，对各县农民人均收入除以各省以2000年为基准的CPI指数进行平减。

5.1.2 核心解释变量

本书的核心解释变量为国家现代农业示范区交互项 D_{ct}（$D_{ct} = treatment_c \times post_t$）。国家现代农业示范区分2010年、2012年和2015年三批创建，$treatment_c$ 和 $post_t$ 分别表示示范区虚拟变量和时间虚拟变量，某县若为国家现代农业示范区创建单位，则 $treatment_c$ 取值为1，否则取值为0；对于第一批创建的示范区，当 $t \geq 2010$ 时，$post_t$ 取值为1，否则取值为0；对于第二批创建的示范区，当 $t \geq 2012$ 时，$post_t$ 取值为1，否则取值为0；对于第三批创建的示范区，当 $t \geq 2015$ 时，$post_t$ 取值为1，否则取值为0，即 D_{ct}（$D_{ct} = treatment_c \times post_t$）表示 c 县在第 t 年是否是国家现代农业示范区，如果是，取值为1，否则取值为0。

5.1.3 控制变量

在控制变量选取上，同前文匹配变量一致，包括地区经济发展水平（人均GDP对数值）、农业发展水平（第一产业增加值/GDP）、产业结构（第二产业增加值/GDP）、政府收入规模（公共财政收入/GDP）、政府支出规模（公共财政支出/GDP）、基础设施和信息化水平（本地固定电话用户数对数值）、人力资本水平（在校中学生数量/总人口数）。此为本章第一组控制变量。

5.1.4 其他政策控制变量

根据第2章对我国现代农业园区演进过程的介绍，除了国家现代农业示范区之外，还有其他三种主要的现代农业园区政策，因此，需要同时引入这三种现代农业园区政策的虚拟变量，主要的考量是：如果存在其他相关政策于同期实施，那么本书的估计结果可能会错误地捕捉其他政策的效应。虽然这三种现代农业园区均与本书研究的示范区的概念和范围有所差异，且并非以县为单位整体推进，而是寻求点上突破，但也有较多政策支持，作为控制变量可以在一定程度上剥离这些政策的同期影响。这三个政策虚拟变量具体设置为：①国家农业高新技术产业示范区政策虚拟变量，若某县在第 t 年及以后是国家农业高新技术产业示范区，则取值为1，否则为0；②国家农业科技园政策虚拟变量，若某县在第 t 年及以后拥有国家级农业科技园区，则取值为1，否则为0；③国家现代农业产业园政策虚拟变量，即若某县在第 t 年及以后拥有国家现代农业产业园，则取值为1，否则取值为0。此为本节第二组控制变量。

表5-1给出了本节具体的变量选取、赋值情况以及描述性统计情况。

表5-1 变量选取、赋值与描述性统计

变量	变量赋值	均值	标准差	最小值	最大值
被解释变量					
农民人均收入	利用各省CPI指数进行平减，取对数	8.757	0.463	6.803	10.180
核心解释变量					
示范区交互项	若是取值为1；否则取值为0	0.120	0.325	0	1
控制变量					
经济发展水平	人均GDP，利用各省CPI指数进行平减，取对数	9.843	0.687	7.120	12.679
农业发展水平（%）	第一产业增加值/GDP	0.196	0.112	0.005	1.813
产业结构（%）	第二产业增加值/GDP	0.461	0.152	0.006	4.891
政府收入规模（%）	公共财政收入/GDP	0.054	0.037	0.001	1.678
政府支出规模（%）	公共财政支出/GDP	0.168	0.102	0.011	1.873
金融发展水平（%）	年末金融机构贷款余额/GDP	0.527	0.328	2.24×10^{-7}	8.255
基础设施和信息化水平	本地固定电话用户数量，取对数	1.643	0.920	-2.784	4.583
人力资本水平	在校中学生数量/总人口数	503.823	171.854	42.848	6 515.091

(续表)

变量	变量赋值	均值	标准差	最小值	最大值
其他政策控制变量					
国家农业高新技术产业示范区虚拟变量	若是取值为 1；否则取值为 0	0.0004	0.020	0	1
国家农业科技园虚拟变量	若是取值为 1；否则取值为 0	0.043	0.202	0	1
国家现代农业产业园虚拟变量	若是取值为 1；否则取值为 0	0.007	0.082	0	1

5.2 示范区创建对农民收入的总体影响

为了准确识别国家现代农业示范区创建对农民收入的影响，本节分别基于基本 DID 模型和 PSM-DID 模型进行了回归分析，回归结果分别如表 5-2 和表 5-3 所示。

5.2.1 基本 DID 回归结果

首先，在没有对处理组和对照组进行匹配的前提下，直接采用基本的 DID 方法对政策作用效果进行估计。表 5-2 是基于基准模型（3）估计的国家现代农业示范区对农民收入影响的基准回归结果，所有的回归结果都是在控制了时间固定效应、县固定效应和年份×省固定效应后的平均处理效应。可以看到，无论是否加入控制变量，交互项的回归系数均为正，这说明整体来看，国家现代农业示范区对农民收入增长有促进作用，但是这种促进作用缺乏统计意义上的显著性。表明与非示范区相比，示范区的创建一定程度上有利于农民收入水平的提高，但影响不显著。

表 5-2 国家现代农业示范区对农民收入影响的基本 DID 回归结果

变量名	农民人均收入		
	（1）	（2）	（3）
示范区交互项	0.006（0.005）	0.005（0.005）	0.005（0.005）
经济发展水平		0.122***（0.012）	0.122***（0.012）
农业发展水平		0.106**（0.043）	0.106**（0.043）

(续表)

变量名	农民人均收入		
	(1)	(2)	(3)
产业结构		−0.018（0.013）	−0.018（0.013）
政府收入规模		0.127**（0.050）	0.127**（0.050）
政府支出规模		0.070**（0.030）	0.070**（0.030）
金融发展水平		−0.006（0.007）	−0.006（0.007）
基础设施和信息化水平		0.000 2（0.003）	0.000 2（0.003）
人力资本水平		7.55×10^{-6}（0.000）	7.49×10^{-6}（0.000）
国家农业高新技术产业示范区虚拟变量			0.057***（0.009）
国家农业科技园虚拟变量			−0.005（0.008）
国家现代农业产业园虚拟变量			−0.008（0.008）
常数项	39.210***（2.680）	28.800***（2.738）	29.292***（2.673）
时间效应	Yes	Yes	Yes
个体效应	Yes	Yes	Yes
年份×省固定效应	Yes	Yes	Yes
组内 R^2	0.966	0.967	0.967
观测值	15 128	15 128	15 128

注：***、**、*分别表示估计结果在1%、5%、10%的统计水平上显著；括号内的数字为在县级层面聚类的标准误（县级数据下同）。

在其他控制变量方面，农业发展水平对农民人均收入的影响较为显著，回归系数正向表明农业发展水平高的地方农民收入水平更高；政府财政收入和支出规模对农民人均收入也均有显著的正向影响，表明政府财政收支水平越高的地方，农民收入水平越高；产业结构、金融发展水平、基础设施和信息化程度与人力资本水平对农民人均收入的影响不显著，这也可能与变量的可选择范围受限有关。在政策控制变量中，国家农业高新技术产业示范区对农民收入水平在1%的统计水平下有显著正向影响，符合预期，但国家科技园区和现代农业产业园政策并没有看到显著影响。

5.2.2 PSM-DID 回归结果

进一步，考虑到可能存在的内生性问题，本书又采用了 PSM-DID 方法对政策的作用效果再次进行了估计。在变量的匹配上，本书首先采用的是最为常见的核匹配方法，表 5-3 给出了采用核匹配方法估计的国家现代农业示范区对农民收入影响的作用效果。可以看到，同基本 DID 回归结果（表 5-2）基本没有变化，无论是否加入控制变量，交互项系数均为正，但并不显著。这说明整体来看，国家现代农业示范区的创建对农民收入增长确实有一定促进作用，但这种促进作用缺乏统计意义上的显著性。

表 5-3 国家现代农业示范区对农民收入影响的 PSM-DID 回归结果

变量名	农民人均收入		
	（1）	（2）	（3）
示范区交互项	0.006 (0.005)	0.005 (0.005)	0.005 (0.005)
第一组控制变量[①]	No	Yes	Yes
第二组控制变量	No	No	Yes
时间效应	Yes	Yes	Yes
个体效应	Yes	Yes	Yes
年份×省固定效应	Yes	Yes	Yes
组内 R^2	0.966	0.968	0.968
观测值	14 862	14 833	14 833

注：①限于篇幅，以及控制变量非本书主要关注对象，后文不再对控制变量结果进行报告。

由于 PSM 方法具有不同的协变量匹配方法，本书在核匹配的基础上，又更换了匹配方法，进行稳健性检验。具体而言，本书又分别采用了 3 对 1、4 对 1 和 5 对 1 最近（k）邻匹配以及半径匹配方法对协变量进行匹配后来估计政策作用效果。但 Vandenberghe 等（2004）的研究指出，PSM 方法中，无论采用什么协变量匹配方法，最后的估计结果原则上不会相差太大。表 5-4 给出了基于其他不同匹配方法的估计结果，可以看到，所有的回归结果确实与基本的 DID 回归结果和核匹配后 PSM-DID 的回归结果相差不大，再次证明了上述研究结论，即国家现代农业示范区的创建对农民收入增长确实有一定促进作用，但这种促进作用缺乏统计意义上的显著性。

表 5-4 国家现代农业示范区对农民收入影响的其他 PSM-DID 回归结果

变量名	农民人均收入			
	最近(k)邻匹配 ($k=3$)	最近(k)邻匹配 ($k=4$)	最近(k)邻匹配 ($k=5$)	半径匹配
示范区交互项	0.005 (0.005)	0.005 (0.005)	0.005 (0.005)	0.005 (0.005)
控制变量	Yes	Yes	Yes	Yes
时间效应	Yes	Yes	Yes	Yes
个体效应	Yes	Yes	Yes	Yes
年份×省固定效应	Yes	Yes	Yes	Yes
组内 R^2	0.968	0.968	0.968	0.968
观测值	14 833	14 833	14 833	14 791

综上所述，从基准回归结果来看，国家现代农业示范区的创建整体上对农民收入有促进作用，但缺乏统计意义上的显著性，这可能与我们关于示范区创建会促进农民收入增长的预期不一致，也不符合示范区创建的目标。为了找到出现这种情形的原因，后续进行了分样本讨论。

需要说明的是，由于 PSM-DID 的估计结果与基本 DID 的估计结果没有太大差别，后续研究将直接采用基本 DID 方法进行实证检验。

5.3 不同创建批次示范区对农民收入的影响

由于国家现代农业示范区分三个批次建立，不同批次建立的示范区可能由于政策支持力度、重视程度等不同而带来不同的政策效果。通常来讲，政策首次提出的时候，各地对政策的响应程度以及重视程度都比较高，对政策的执行更为积极，给予的政策支持力度也会更高，而随着政策的延续，后续建立的示范区可能受到的政策支持力度和重视程度都会降低，从而影响政策效果，进而影响整体的作用效果。另外，就本书而言，不同批次创建的示范区的基础条件也存在不同，不同于第一和第二批次创建的示范区更多分布于中西部等相对落后地区，第三批次创建的示范区更多在本身条件比较好的地级市实行整市推进，在农民收入水平本身较高的前提下，政策进一步发挥显著增收效果的可能性也相对更低。因此，为了检验是否是由于不同批次创建的示范区的政策效果有差异，导致整体增收效应不显著，本研究对不同批次创建的示范区对农民收入影响的政策效果进行了检验。

表5-5展示了不同批次创建的国家现代农业示范区对农民收入影响的基本DID回归结果。可以看到，第（1）列为删除后两批创建的示范区县样本，而只保留第一批创建示范区的县和一直未成为示范区的县的样本，交互项系数为5.2%，且通过了1%的统计水平检验，说明第一批创建的示范区对农民收入产生了显著的正向促进作用，与非示范区县相比，示范区县农民的收入水平平均提高了5.2%；第（2）列为删除第一批和第三批创建的示范区县样本，而只保留第二批创建示范区的县和一直未成为示范区的县的样本，交互项的回归系数为1.2%，说明第二批创建的示范区对农民收入也产生了正向促进作用，只是这种促进作用缺乏统计意义上的显著性；第（3）列为删除前两批创建的示范区县样本，而只保留第三批创建示范区的县和一直未成为示范区的县的样本，交互项系数为负，但同样没有通过显著性检验；第（4）列为删除第三批创建示范区的县，只保留前两批创建示范区的县和一直未成为示范区的县的样本，交互项的回归系数为2.4%，介于第一批创建的示范区县和第二批创建的示范区县的系数之间，说明前两批创建的示范区县整体对农民收入产生了显著的正向影响，且这种影响在1%的统计水平上显著为正；第（5）列为删除第一批创建示范区的县，只保留后两批创建示范区的县和一直未成为示范区的县的样本时，交互项的回归系数为负，同样介于第二批创建的示范区县和第三批创建的示范区县的系数之间，并且说明第三批创建的示范区的县带来的负向效应大于第二批创建的示范区的县带来的增收效应。

表 5-5　不同创建批次国家现代农业示范区对农民收入影响的基本 DID 回归结果

变量名	农民人均收入				
	第一批次	第二批次	第三批次	前两批次	后两批次
	（1）	（2）	（3）	（4）	（5）
示范区交互项	0.052***	0.012	-0.009	0.024***	-0.002
	(0.013)	(0.008)	(0.007)	(0.007)	(0.005)
控制变量	Yes	Yes	Yes	Yes	Yes
时间效应	Yes	Yes	Yes	Yes	Yes
个体效应	Yes	Yes	Yes	Yes	Yes
年份×省固定效应	Yes	Yes	Yes	Yes	Yes
组内 R^2	0.967	0.968	0.967	0.968	0.968
观测值	11 756	12 276	13 487	12 822	14 553

综合上述回归结果可以得出，基准回归结果（表5-2）得出的"从整体看，示范区创建对农民收入具有促进作用"的结论主要来自前两批创建的示范区，并且这种促进作用在5%的统计水平上显著为正，而整体回归结果不显著的主要原因是第三批创建的示范区的政策效果不佳，从而导致了整体增收效应在统计意义上不再显著。究其原因，可能存在以下方面。

一是由于第三批创建的示范区中多在初期经济条件比较好的地区，如辽宁大连、江苏南京、山东青岛、浙江宁波、湖北武汉等地，这些地级市都在第三批创建时实行了整地市创建，而这些地区本身农民收入水平比较高，导致了能够与这些地方的县市形成有效对照的样本县较为有限，加大了处理组与对照组之间初期农民收入水平的变异程度，在收入累积分布曲线存在较大方差的情况下，容易导致均值回归谬误（张斌彬，2013），从而低估政策效果。同时，根据边际政策效应递减规律，一般来说，在农民收入水平相对低下的地区，示范区的创建能够产生"雪中送炭"式的较大的政策效果，但在农民收入水平原本比较好的地区，政策能够进一步带来增收效应的难度就加大了（刘金山等，2017）。因此，由于第三批创建的国家现代农业示范区多在经济发展条件较好、农民收入水平本身比较高的地区，政策对农民增收效应不佳。

二是示范区县由于受到政策和资金的扶持，很可能对周边地区产生辐射作用，导致周边非示范区县农民收入受到正向影响，从而一定程度上低估政策的真实效果，这是区域政策很可能产生的"一般均衡效应"（张斌彬，2013）。并且，根据中国区域经济发展的实际情况，这种辐射作用是很有可能存在的，尤其是第三批创建的示范区多在发展条件好的地市创建，由于对邻近相对落后地区的正向溢出效应，从而导致上述结果不显著。笔者调研也发现，很多示范区县内扶持或引进的农业涉农企业，吸引了较多周边非示范区县的农民务工人员，而本地务工人员反而要少一些。这正是示范区创建正向溢出效应的表现，同时带动了周边非示范区县农民收入水平的提高，从而导致与本地农民收入相比，该政策的增收效果不显著。

5.4 示范区创建对农民收入影响的异质性分析

5.4.1 不同地区

在现有研究中，学者们关注到由于各地区在经济发展条件、要素禀赋结构以及地理环境等因素方面的异质性可能会对政策的效果产生影响，因而会依据地区或城市级别等进行分样本研究。对于本研究来说，同样存在这个问题，一般来说，由于边际政策效应递减规律，国家现代农业示范区在经济发展较好地区的政策效果会弱于经济发展条件相对落后地区的效果（刘金山 等，2017）。因此，为了检验示范区创建的政策效果是否存在地区异质性，本书按照学术界的常规做法，将精炼样本拆分为东、中、西和东北四个子样本，然后对各子样本进行回归分析。

表 5-6 展示了示范区对不同地区农民收入影响的回归结果。可以看到，中部地区和西部地区的示范区对农民收入的促进作用分别为 1.8% 和 3.7%，且交互项系数分别通过了 10% 和 1% 的统计水平检验。而东北地区的示范区对农民收入的影响不显著，东部地区的农民收入并没有受到政策的正向促进作用，甚至出现了显著负向影响，这与第三批创建的示范区主要集中于东部地区条件比较好的地市是相一致的。正是由于第三批东部地区这些条件好的样本县进入处理组，导致缺乏有效对照，容易出现均值回归谬误。同时，由于边际政策效应递减规律，示范区创建能够对这些本身农民收入

水平较高县市进一步带来增收效应的难度加大了，甚至由于对周边地区的农民收入产生正向溢出效应，导致了显著负向影响的回归结果。

表5-6的结果表明，相对于经济发展条件较好的东部地区，示范区在经济发展条件相对落后的中部地区和西部地区表现出了显著的正向政策效果，并且西部地区的增收效果在系数值和显著性水平上都高于中部地区，这一结果体现出"边际政策效应递减"规律。上述研究结论具有一定现实意义，当我们把政策投向相对落后的地区时，或许可以产生更为明显的政策效果，这对于缩小地区间的差距、缓解发展不平衡不充分的主要矛盾具有重要意义。

表5-6 不同地区国家现代农业示范区对农民收入影响的基本 DID 回归结果（全三批）

变量名	农民人均收入			
	东部地区	中部地区	西部地区	东北地区
示范区交互项	-0.019*** (0.006)	0.018* (0.009)	0.037*** (0.013)	0.015 (0.017)
控制变量	Yes	Yes	Yes	Yes
时间效应	Yes	Yes	Yes	Yes
个体效应	Yes	Yes	Yes	Yes
年份×省固定效应	Yes	Yes	Yes	Yes
组内 R^2	0.972	0.979	0.962	0.951
观测值	5 456	4 795	3 564	1 284

当删除第三批创建的示范区县样本，只保留前两批创建的示范区县样本和一直未成为示范区县的样本，再次分地区回归时，得到的结果如表5-7所示。可以看到，前两批东部地区创建的示范区对农民收入整体上没有明显影响，而不是全部三批样本回归时显著的负向影响；而中部地区和西部地区前两批创建的示范区对农民收入仍然具有显著作用，并且与全部三批创建样本作用效果对比，可以看到，中部地区和西部地区前两批创建的示范区的交互项系数均比采用全部三批样本时要大。以上结论都可以从侧面反映出第三批创建的示范区的政策效果较弱，多数东部地区初期农民收入

水平比较高的县市进入处理组，通过政策进一步提高其收入水平的效果有限，反而可能由于辐射效应使得周边地区农民收入明显受益，从而影响了示范区整体作用效果的显著性。此外，表 5-7 的结果也对中部和西部地区创建的示范区能够显著促进农民收入水平提高的结论进行了再次验证。

表 5-7　不同地区国家现代农业示范区对农民收入
影响的基本 DID 回归结果（前两批）

变量名	农民人均收入			
	东部地区	中部地区	西部地区	东北地区
示范区交互项	-0.000 (0.007)	0.044*** (0.016)	0.042** (0.016)	0.009 (0.015)
控制变量	Yes	Yes	Yes	Yes
时间效应	Yes	Yes	Yes	Yes
个体效应	Yes	Yes	Yes	Yes
年份×省固定效应	Yes	Yes	Yes	Yes
组内 R^2	0.970	0.980	0.961	0.958
观测值	4 476	4 130	3 264	952

5.4.2　不同基期收入分组

精炼样本虽然舍去了可比性较差的观测值，增加了省内样本的可比性，但是由于不同省份农村居民初期收入水平之间仍存在较大变异，如果回归方程在样本均值处回归，同样会由于收入累积分布曲线存在的方差较大，导致均值回归谬误，从而使得估计出现偏差（张斌彬，2013）。因此，为了降低这一潜在谬误，得到更可信的处理效应系数，本书接着对样本按各县初期农民收入水平（即示范区创建前各县 2006—2009 年农村居民人均纯收入四年的均值）进行了分组回归。本书首先将样本县按照初期收入水平进行了五等分，然后按照从高到低的顺序依次定义为低收入组、中低收入组、中等收入组、中高收入组和高收入组，在分组基础上对各子样本进行回归分析。

表 5-8 展示了示范区对不同基期收入组别农民收入影响的基本 DID 回

归结果。可以看到,只有初期农民收入处于低收入组的示范区县在国家现代农业示范区创建后,获得了显著的农民增收效应,农民人均收入因示范区创建而提高4.6%,这一结果十分显著;其他组别在示范区创建后均未表现出显著的增收效应。这表明示范区的增收效应受样本县基期收入情况影响,也即基期收入水平影响了农民在示范区创建后的增收能力。低收入组示范区县的居民由于示范区创建使得农民收入水平有了明显提高,而对于其他组别而言,示范区创建带来的条件改善情况与原来相比没有低收入组那么明显,因此对收入提高也没有那么明显。也就是说,这些初期农民收入水平较高的县由于本身收入水平已经处于较高位置,受到边际政策效应递减规律约束,要通过政策投入使得农民收入再提高就更为困难。

表 5-8 的结果同样具有一定的政策含义,即当我们把政策更多投入低收入地区,能获得更大的政策效果,有利于改善收入分配状况。

表 5-8 不同基期收入组别国家现代农业示范区对农民收入影响的基本 DID 回归结果(全三批)

变量名	农民人均收入				
	低收入组	中低收入组	中等收入组	中高收入组	高收入组
示范区交互项	0.046*** (0.006)	0.019 (0.013)	-0.010 (0.009)	-0.006 (0.008)	0.006 (0.007)
控制变量	Yes	Yes	Yes	Yes	Yes
时间效应	Yes	Yes	Yes	Yes	Yes
个体效应	Yes	Yes	Yes	Yes	Yes
年份×省固定效应	Yes	Yes	Yes	Yes	Yes
组内 R^2	0.959	0.979	0.973	0.979	0.977
观测值	3 023	3 022	3 018	3 006	3 030

同样地,本书删除第三批创建的示范区县样本,只保留前两批创建的示范区县样本和一直未成为示范区县的样本,再次按基期不同收入组别进行回归,得到的结果如表 5-9 所示。可以看到,当只保留前两批创建的示范区县时,示范区对低收入组、中低收入组和高收入组的农民收入均有显著正向影响,与全部样本时相比有一定变化。表 5-9 的估计结果显示出,

低收入组示范区县农民人均收入因示范区创建而平均提高了 8.3%，中低收入组农民收入平均提高了 4.0%，高收入组农民收入平均提高了 2.4%。以上结果表明了前两批创建的示范区具有较好的增收效果，并且对于低收入组和中低收入组的作用效果明显优于其他组别，这也有利于改善收入分配状况，也侧面反映了第三批创建的示范区由于较多基础条件好的地市成为示范区导致政策效果不佳。

表 5-9　不同基期收入组别国家现代农业示范区对
农民收入影响的基本 DID 回归结果（前两批）

变量名	农民人均收入				
	低收入组	中低收入组	中等收入组	中高收入组	高收入组
示范区交互项	0.083*** (0.021)	0.040** (0.019)	0.013 (0.010)	0.017 (0.013)	0.024*** (0.008)
控制变量	Yes	Yes	Yes	Yes	Yes
时间效应	Yes	Yes	Yes	Yes	Yes
个体效应	Yes	Yes	Yes	Yes	Yes
年份×省固定效应	Yes	Yes	Yes	Yes	Yes
组内 R^2	0.959	0.972	0.973	0.978	0.977
观测值	2 723	2 759	2 503	2 381	2 456

5.4.3　小结

通过对上述不同批次、不同地区、不同基期收入分样本的讨论，对全部三批示范区发挥增收效应进行总结。①第三批创建的示范区整体对农民收入有一个负向影响，但这种影响不具有统计意义上的显著性；②中部和西部地区的示范区对农民增收效应显著，而东部地区示范区整体对农民收入有一个显著的负向影响；③示范区更容易在初期收入水平较低的县发挥显著的政策效果。因此，可能正是由于第三批创建的示范区有较多初期条件比较好的地市实行整市推进，并且这些地方多出现在东部地区，从而影响了全部三批示范区整体增收效果的发挥。表 5-10 对不同批次示范区的地区分布情况进行了总结，可以看到，第一批创建的示范区中，初期收入水平不高的西部地区县数量较多，因此示范区发挥出了非常显著的增收效果，而到了第二批和第三批，尤其是第三批，较多初期收入水平比较高的东部地区地市实行整市推进，根据边际政策递减规律，政策对这些县市农民收入水平提高更为困难，甚至由于辐射效应增加了周边地区农民收入，从而影响整体示范区增收效果发挥。

表 5-10　不同批次示范区的地区分布情况（精炼样本）

地区	第一批次	第二批次	第三批次
东部地区	7	35	70
中部地区	7	21	48
西部地区	19	11	22
东北地区	6	10	24
合计	39	77	164

5.5　平行趋势及动态效果检验

通过前文的研究发现，前两批创建的示范区能够显著增加农民收入，但是仍有可能有其他一些不可观测的遗漏变量影响该结论的可靠性，因此，为了验证上述结论的可靠性，本书对前两批创建的示范区样本进行相关识别检验。

首先，运用 DID 模型估计政策作用效果的一个重要前提条件是示范区县样本与非示范区县样本在政策干预前要符合平行趋势假设。为了检验事前示范区县和非示范区县样本是否满足平行趋势，同时检验国家现代农业示范区的创立是否存在时滞效应，本书借鉴了 Li 等（2016）、张国建等（2019）的做法，采用事件分析法（Event Study），对国家现代农业示范区创建的动态效应进行研究，实现了从静态效应到动态效果的转变。在具体操作上，重新定义基准模型（3）中的核心解释变量为表示国家现代农业示范区创建前和创建后若干年的虚拟变量，被解释变量不变，设置如下模型：

$$y_{ct} = \alpha + \sum_{t \geq -6}^{9} \gamma_t D_{ct} + \beta X_{ct} + \sum_{k=1}^{3} \delta_k P_{ckt} + \rho_t + \rho_t \omega_p + \upsilon_c + \varepsilon_{ct} \quad (4)$$

模型（4）中，当 $t=0$ 时，表示国家现代农业示范区创建当年年份的虚拟变量，t 取负数表示国家现代农业示范区创建前 t 年，t 取正数表示国家现代农业示范区创建后 t 年。由于两批国家现代农业示范区创建时间不一致，因此 t 的取值范围为 [-6, 9]。

借鉴 Li 等（2016）、张国建等（2019）的做法，通过将示范区创建前第 6 年设为基准组进行动态效应估计，估计结果见表 5-11。可以看到，国家现代农业示范区创建之前，除了创建前一年，其他年份的系数估计值都不显著，基本验证了处理组与对照组事前满足平行趋势假设；而在国家现代农业示范区创建当年及之后 6 年，系数估计值均在 1% 或 5% 的统计水平上显著为正，系数值在创建后一年达到最大，说明示范区创建后一年对农民收入的增收效应最大，之后系数估计值虽然有所下降，但增收效应仍具有一定持续性，示范区增收效应的动态效果较好。从创建后的第 7 年开始，示范区的增收效应开始有一个明显下降并且变得不再具有统计意义，而到了第 8 年和第 9 年系数值甚至开始为负，虽然不具有显著性，但是也整体说明了示范区从创建后第 7 年左右开始，对农民收入的影响不再显著，政策的长期稳定性有待提高。

表 5-11 国家现代农业示范区对农民收入影响的动态效应结果（前两批）

年份/变量名	农民人均收入	年份/变量名	农民人均收入
d_5	0.003 (0.004)	d3	0.030** (0.012)
d_4	-0.011 (0.009)	d4	0.033*** (0.012)
d_3	-0.007 (0.010)	d5	0.030** (0.012)
d_2	0.006 (0.011)	d6	0.028** (0.012)
d_1	0.028** (0.013)	d7	0.016 (0.013)
d0	0.028** (0.012)	d8	-0.011 (0.019)
d1	0.035*** (0.012)	d9	-0.017 (0.020)
d2	0.030** (0.012)	—	
控制变量	Yes	控制变量	Yes
时间效应	Yes	时间效应	Yes
个体效应	Yes	个体效应	Yes
年份×省固定效应	Yes	年份×省固定效应	Yes

(续表)

年份/变量名	农民人均收入	年份/变量名	农民人均收入
组内 R^2	0.968	组内 R^2	0.968
观测值	12 822	观测值	12 822

注释：d_t（t=5、4、3、2、1）分别表示示范区创建前5年、4年、3年、2年、1年；d0表示示范区创建当年；dt（t=1、2、3、4、5、6、7、8、9）分别表示示范区创建后1年、2年、3年、4年、5年、6年、7年、8年、9年。

同时，本书将各年的系数按时间做成了动态影响效果图，见图5-1。图中的小圆圈表示 γ_t 的估计值，小圆圈上下的实线表示90%的置信区间。可以看到，在国家现代农业示范区创建前的年份中，当 $t<-1$ 时，γ_t 均不能拒绝零假设，说明整体上，国家现代农业示范区创建前示范区县样本和非示范区县样本基本没有显著差异，满足平行趋势假设；当 $0 \leq t \leq 6$ 时，γ_t 显著拒绝了零假设，说明在示范区创建当年及创建后6年内，都对农民收入产生了显著正向影响，当 $t \geq 7$ 时，γ_t 均不能拒绝零假设，说明示范区创建对农民收入增长的影响不再显著。

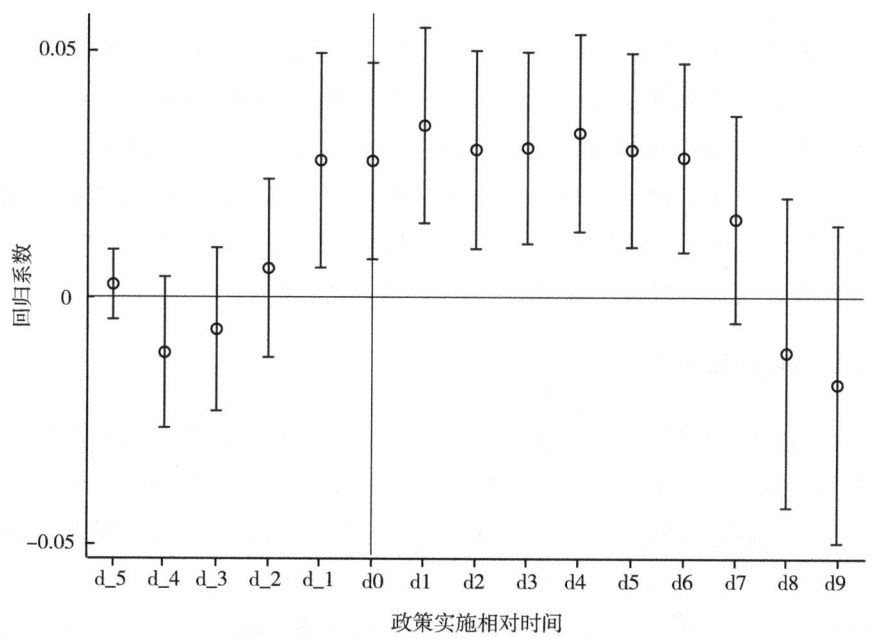

图5-1 国家现代农业示范区对农民收入影响的动态效果（前两批）

5.6 其他稳健性检验

为了进一步检验前两批创建的示范区显著增收效应的稳健性，得到较为准确的政策效应，本书又通过 PSM-DID 方法、控制变量滞后一期、更改样本时期等形式再次进行稳健性检验，具体检验情况如下。

5.6.1 PSM-DID 方法

前文中得出的前两批示范区对农民收入的显著促进作用是基于基本 DID 模型估计的，为了确保前述回归结果的稳健性，本书又采取 PSM-DID 方法估计了前两批创建示范区的政策效果。如表 5-12 第（1）列展示了 PSM-DID 的回归结果，可以看到，基于核匹配后交互项的估计系数大小、符号和显著性水平与表 5-5 中的基准回归结果都基本一致，说明前文估计的国家现代农业示范区对农民收入的显著促进作用是基本稳健的。

5.6.2 控制变量滞后一期

考虑到本书选取的变量与国家现代农业示范区的创建之间可能存在反向影响，为了降低潜在的内生性问题，本书将所有控制变量滞后一期，再基于模型（3）进行回归检验。回归结果如表 5-12 第（2）列所示，可以看到，与表 5-5 中前两批示范区对农民增收效应的基准回归结果相比，交互项的回归系数大小、符号和显著性水平都基本一致，再次验证了前两批示范区对农民收入有显著促进作用的结论是基本稳健的。

5.6.3 更改样本时期

本书前面的回归主要是基于 2006—2019 年的样本，为了避免金融危机的影响，得出更可靠的结论，本书删除了示范区创建前 2006—2008 年的数据，示范区创建前的样本只保留 2009 年一年，再次对前两批创建的示范区的增收效应进行回归检验。表 5-12 第（3）列展示了样本时期更改后的回归结果，可以看到，交互项的系数虽然有所下降，但仍然显著为正，说明样本时期的改变并未影响结论的可靠性，再次验证了基本结论的稳健性。

表 5-12 国家现代农业示范区对农民收入影响的稳健性检验结果（前两批）

变量名	农民人均收入		
	PSM-DID 方法	控制变量滞后一期	更改样本时期
	(1)	(2)	(3)
示范区交互项	0.022*** (0.007)	0.023*** (0.007)	0.016** (0.007)
控制变量	Yes	Yes	Yes
时间效应	Yes	Yes	Yes
个体效应	Yes	Yes	Yes
年份×省固定效应	Yes	Yes	Yes
组内 R^2	0.968	0.965	0.957
观测值	12 291	11 902	10 066

5.7 本章小结

本章主要研究目标是从宏观县域层面实证检验国家现代农业示范区对农民收入的影响。利用 DID 和 PSM-DID 模型，基于 2006—2019 年县域面板数据的研究发现，国家现代农业示范区整体上对农民收入有促进作用，但这种促进作用缺乏统计意义上的显著性。通过分批次回归发现，整体作用效果的不显著主要源于第三批创建的示范区的作用效果较差，而单独看前两批示范区，对农民收入有显著的促进作用，并且这种增收效应具有一定持续性。通过分地区回归发现，中部和西部地区的国家现代农业示范区对农民收入有显著的增收效应，而东部和东北地区的国家现代农业示范区对农民收入没有显著影响，这一结论对于改善收入分配状况具有重要的实践价值。基于初期收入水平的不同进行分组研究发现，全部三批样本中只有基期处于低收入组的国家现代农业示范区发挥了显著的增收效应，而在前两批国家现代农业示范区样本中，基期处于低收入组和中低收入组示范区的增收效应明显优于其他组别，这一结论对于改善收入分配状况同样具有重要的政策含义。

第 6 章

微观层面国家现代农业示范区与农民增收分析

第 5 章从宏观县域层面实证检验了国家现代农业示范区对农民收入的影响，结果发现，示范区整体对农民收入有增收作用，但缺乏统计意义上的显著性，单独看前两批示范区，对农民收入有显著的正向影响，整体影响不显著主要由于第三批创建的示范区有一个负向影响，而这种负向影响可能有较大部分原因是第三批示范区有较多东部初期农民收入水平比较高的地区实行整市推进，由于均值回归谬误和边际政策效应递减规律，导致第三批示范区政策效果不佳，从而影响整体示范区效果发挥。本节基于 2005—2014 年农户面板数据，从微观层面再次检验示范区创建对农民收入的影响。相比于县域面板数据，农户之间的变异要小得多，并且数据范围只限于前两批创建的示范区，第三批示范区尚未创建，这进一步有利于验证前两批示范区具有显著增收效应结论的可靠性。

6.1 数据、识别与模型

6.1.1 数据处理

本章采用微观层面的数据进行研究，即以微观农户为基本研究对象，基于 CHNS 2006—2015 年（具体数据对应年份分别为 2005 年、2008 年、2010 年和 2014 年）的农户面板数据，从微观层面实证检验国家现代农业示范区对农民收入的影响。数据来源及基本处理情况前文已有介绍，此处不再赘述，主要对本节的数据处理情况进行说明：一是由于本书主要研究农村和农民相关问题，因此剔除了城镇样本和完全脱农的农村样本，只保留进行农业生产的农村地区样本家庭；二是 CHNS 数据地区信息的识别，由于 CHNS 数据中地区信息的编码与国家统计局的编码存在不同，CHNS 自定义排序六位数代码为每个地区编码,其中前两位是省份代码,这是与国家统计局的编码规则相一致的;六位数代码的中间两位数是县代码,与国家统计局的编码规则不一致;六位数代码的最后两位是社区代码。为了定位调查农户所在的县,根据《中国八省居民健康与营养状况(第一卷)》(葛可佑,1998)中的地区代码和名字信息与本书地区编码进行对照,该书写作依据的就是 CHNS 数据,因此代码与县名与本书一致,从而定位出每个样本农户所在的县。由于该书是 1998 年出版,依据的是 1997 年之前的调查数据,当时北京市、上海市、重庆市和黑龙江省尚未成为样本调查省(市),因此,本书最终只保留了能定位到县名的山东、江苏、辽宁、湖北、湖南、河南、广西和贵州等 8 个省(区)的样本。经过一系列筛选与处理,最终建立了从 2005—2014 年 8 省 35 个县 1 034 户农户的 4 期平衡面板数据,样本量总计为 4 136 个。样本农户具体分布情况见表 6-1。

表 6-1　CHNS 数据样本农户分布情况

省/县(市、区)	样本农户数量(户)	省/县(市、区)	样本农户数量(户)	省/县(市、区)	样本农户数量(户)
山东省	145	湖北省	134	广西壮族自治区	161
邹城市	25	沙市市(今荆州市沙市区)	19	万秀区	20
莘县	37	天门市	21	容县	38
文登市(今威海市文登区)	34	枣阳市	33	扶绥县	39
诸城市	20	赤壁市	31	苍梧县	35
禹城市	29	红安县	30	玉州区	29
江苏省	127	湖南省	116	贵州省	157
沭阳县	30	沅陵县	29	凯里市	18
泰兴市	33	涟源市	27	印江县	35
海门市(今南通市海门区)	29	沅江市	27	清镇市	40
金湖县	35	郴县(今郴州市苏仙区)	33	惠水县	34
辽宁省	111	河南省	83	毕节县(今毕节市七星关区)	30
桓仁县	24	罗山县	28		
瓦房店市	35	滑县	27		
清原县	32	开封县(今开封市祥符区)	28		
朝阳县	20				

注:示范区县包括山东省文登市、江苏省泰兴市、辽宁省瓦房店市、湖北省枣阳市、湖南省沅江市和贵州省清镇市。

6.1.2 识别与模型

同前文一致，本书的识别策略依然是国家现代农业示范区。由于CHNS数据只到2014年，第三批（2015年）国家现代农业示范区尚未创建，因此识别策略只有前两批建立示范区的县，其他第三批创建示范区的县不能作为识别。其中，35个调查县中包括6个最终成为国家现代农业示范区的县和29个非示范区县，6个示范区县分别为第一批建立的辽宁省瓦房店市和第二批建立的山东省文登市（今威海市文登区）、江苏省泰兴市、湖北省枣阳市、湖南省沅江市、贵州省清镇市。如果调查农户位于示范区所在的县，那么就可以认为该农户受到政策干预并将其视为处理组，否则就视为对照组。根据统计，位于示范区县的农户有202户，位于非示范区县的农户有832户。在模型选择上，本节依然采用基本DID模型和PSM-DID模型对国家现代农业示范区影响农民收入的作用效果进行因果推断。同样地，由于6个示范区创建时间不一致，因此本节仍然采用多时点DID模型进行政策评估，模型设置如下：

$$y_{ict} = \alpha + \gamma D_{ict} + \beta X_{it} + \rho_t + \upsilon_i + \varepsilon_{it} \tag{5}$$

模型（5）中，下标 c 指代县（$c=1,2,\cdots,35$），i 指代农户，t 表示年份（$t=2005,2008,2010,2014$），y_{ict} 是被解释变量，表示第 t 年 c 县 i 农户收入的相关变量。D_{ict}（$D_{ict} = treatment_{ic} \times post_t$）为核心解释变量，表示 c 县 i 农户在第 t 年是否位于示范区内，若是，取值为1，否则取值为0；$treatment$ 和 $post$ 定义与基准模型（3）相同，此处不再赘述；X_{it} 表示户主个体特征、农户家庭特征等一系列可能影响农户家庭收入的控制变量；ρ_t 表示时间固定效应，υ_i 表示农户个体固定效应；ε_{it} 为随机扰动项。γ 为本书核心关注的估计参数，即国家现代农业示范区对农民收入的平均因果效应，若 $\gamma>0$ 且显著，则表示示范区对农民收入具有正向促进作用。与基准模型（3）不同的是，此处没有包括其他政策变量，主要是因为经过详细的信息比对，所有调查样本县均未受到其他三种现代农业园区的政策干预，这也使得本部分的处理更为"干净"。

6.2 变量选取与描述性统计

6.2.1 被解释变量

本章的被解释变量是农户家庭人均纯收入（取对数）。

6.2.2 核心解释变量

本节的核心解释变量仍为国家现代农业示范区交互项 D_{ict}（$D_{ict} = treatment_{ic} \times post_t$）。农户面板数据中国家现代农业示范区分为 2010 年、2012 年两批创建，$treatment_{ic}$ 和 $post_t$ 分别表示示范区虚拟变量和时间虚拟变量，c 县 i 农户若位于国家现代农业示范区县，则 $treatment_{ic}$ 取值为 1，否则取值为 0；对于第一批创建的示范区，当 $t \geq 2010$ 时，$post_t$ 取值为 1，否则取值为 0；对于第二批创建的示范区，当 $t \geq 2012$ 时，$post_t$ 取值为 1，否则取值为 0，即 D_{ict}（$D_{ict} = treatment_{ic} \times post_t$）表示 c 县 i 农户在第 t 年是否位于示范区内，若是，取值为 1，否则取值为 0。

6.2.3 控制变量

参照收入决定方程和已有研究的常规做法（程名望 等，2016；宁静 等，2019），本书基于数据可得性主要把影响农户家庭收入的控制因素分为两类：一是户主特征变量，包括户主性别、年龄、受教育年限；二是农户家庭禀赋特征变量，包括人口规模、劳动力数量和劳动力平均受教育年限（衡量家庭人力资本状况）、人情收入（取对数，衡量家庭社会资本状况）。本节选取的具体变量及其赋值与描述性统计情况见表 6-2。

表 6-2 变量选取、赋值与描述性统计

变量	变量赋值	均值	标准差	最小值	最大值
被解释变量					
人均纯收入	家庭年人均纯收入（元），取对数	8.47	1.58	0	12.43
核心解释变量					

(续表)

变量	变量赋值	均值	标准差	最小值	最大值
示范区交互项	若是取值为1；否则取值为0	0.06	0.23	0	1
控制变量					
户主性别	户主是男性为1，否则为0	0.87	0.33	0	1
户主年龄	户主实际年龄（周岁）	57.73	11.20	21	91
户主受教育程度	户主实际受教育年限（年）	6.33	3.67	0	16
家庭规模	家庭成员数量（人）	3.84	1.82	1	15
劳动力数量	家庭劳动力（16~64岁，学生除外）数量（人）	1.97	1.17	0	6
劳动力平均受教育程度	家庭劳动力的平均受教育年限（年）	6.60	4.35	0	47
人情收入	家庭人情收入（元），取对数	2.62	3.14	0	9.21

注：本节样本户数为1 034户，共有4期数据，观测值数量为4 136个。考虑户主年龄对家庭收入的影响可能呈现倒"U"形变化，故同时放入户主年龄的平方。

6.3 示范区创建对农民收入的影响

6.3.1 基本DID回归结果

表6-3是国家现代农业示范区对农户家庭人均纯收入影响的DID回归结果，展示的结果为控制了时间固定效应和农户个体固定效应后的平均处理效应。表6-3第（1）列回归结果显示，在不加任何控制变量时，交互项系数为34.7%，且通过了5%的统计水平检验，这说明在该显著性水平下示范区的创建同农户收入水平间存在显著的正向因果关系，也就是说政策会显著促进农户收入增长。在此基础上，第（2）列在加入户主层面的控制变量后，交互项的回归系数仍然在5%的统计水平上显著为正。第（3）列为继续加入家庭禀赋变量后的回归结果，可以看到，交互项的回归系数虽然稍有下降，但仍然在5%的统计水平上有着显著的正向促进作用，说明控制变量的加入对交互项的回归系数没有明显影响，政策估计结果保持稳健。由基准回归结果可以得出，与非示范区县相比，整体上示范区的创建确实对农户家庭人均纯收入具有显著的促进作用，有利于农户家庭收入水平的

提高。具体而言,示范区的创建使得示范区县农户比非示范区县农户的家庭人均纯收入平均提高了34%左右,农户增收的效果显著。

表 6-3 国家现代农业示范区对农户家庭收入影响的基本 DID 回归结果

变量名	家庭人均纯收入		
	(1)	(2)	(3)
示范区交互项	0.347** (0.144)	0.350** (0.146)	0.335** (0.137)
户主性别		−0.015 (0.143)	−0.008 (0.142)
户主年龄		0.006 (0.041)	−0.050 (0.040)
户主年龄的平方		−0.000 2 (0.000 4)	0.000 3 (0.000 4)
户主受教育程度		0.002 (0.015)	−0.008 (0.015)
家庭规模			−0.199*** (0.032)
劳动力数量			0.267*** (0.035)
劳动力平均受教育程度			0.015 (0.010)
人情收入对数			0.067*** (0.010)
常数项	7.873*** (0.053)	8.115*** (1.196)	9.690*** (1.169)
时间效应	Yes	Yes	Yes
个体效应	Yes	Yes	Yes
组内 R^2	0.08	0.08	0.13
观测值	4 136	4 136	4 136

注:*、**、*** 分别表示估计结果通过了 10%、5%、1% 的统计水平检验;括号内的数字为在村级层面聚类的稳健标准误(农户数据下同)。

就其他控制变量而言,户主层面的个体特征对农户家庭人均纯收入的影响均不显著,说明样本农户家庭收入与户主个体的特征关系不那么密切。家庭禀赋特征对农户家庭收入的影响较为显著,其中人口数量对家庭人均收入具有显著负向影响;劳动力数量对家庭人均纯收入具有显著正向影响,这与大部分研究的结论相一致;人情往来收入对家庭人均纯收入在 1% 的统计水平下显著为正,表明社会资本丰富的家庭收入水平更高,同样符合经济常识。

6.3.2 PSM-DID 回归结果

本书进一步采用 PSM-DID 方法分析了国家现代农业示范区对农户收入

的政策效果。具体而言,为了便于比较,首先进行样本匹配,利用前文中所使用的控制变量预测每个农户成为处理组样本的概率(Logit 模型),再分别采用核匹配和 3 对 1、4 对 1、5 对 1 最近(k)邻匹配以及半径匹配的方法给位于示范区县的样本农户(处理组)匹配对照组农户,使得处理组农户和对照组农户在示范区创建之前尽可能没有显著差异,以减少可能的内生性影响。在此基础上,再利用 DID 模型识别出示范区创建对农户收入增长的净影响。表 6-4 分别给出了基于核匹配、最近(k)邻匹配和半径匹配后的 DID 估计结果,可以看到,不同的匹配方法获得的估计值在大小、符号以及显著性水平上都与基本 DID 回归结果(表 6-3)基本一致,说明前文得出的示范区创建具有显著增收效应的结论是稳健的。

表 6-4　国家现代农业示范区影响农户家庭收入的 PSM-DID 回归结果

变量名	家庭人均纯收入				
	核匹配	最近(k)邻匹配($k=3$)	最近(k)邻匹配($k=4$)	最近(k)邻匹配($k=5$)	半径匹配
示范区交互项	0.336** (0.137)	0.336** (0.137)	0.336** (0.137)	0.336** (0.137)	0.336** (0.137)
控制变量	Yes	Yes	Yes	Yes	Yes
时间效应	Yes	Yes	Yes	Yes	Yes
个体效应	Yes	Yes	Yes	Yes	Yes
组内 R^2	0.13	0.13	0.13	0.13	0.13
观测值	4 125	4 125	4 125	4 125	4 114

注：限于篇幅,以及控制变量并非本书主要关注变量,故此处及下文控制变量的回归结果未进行报告。

6.4　平行趋势检验

通过前文的研究可以发现,国家现代农业示范区的创建能够有效改善农户的收入状况,同样地,一些不可观测遗漏因素可能对该结论的可靠性产生影响。因此,为了验证上述结论的可靠性,本书对模型进行了识别假定检验。

在对处理组样本和对照组样本事前的平行趋势检验中，比较常见的做法是像前文通过画平行趋势图的方式，但是由于本书政策实施年份不一致，2010年仅1个示范区创建县，样本量相对较少，且CHNS数据事前仅有2期，不适合采用画平行趋势图方式进行平行趋势检验。因此，本书不采用画平行趋势图方式，而是采用实证方式对处理组和对照组样本的平行趋势进行检验。主要包括事前检验和事中检验两部分内容。

其一，事前检验。首先检验在示范区创建之前，基期时处理组农户和对照组农户的家庭收入情况是否存在系统差异。本书将示范区创建之前的2005年和2008年数据看作混合横截面数据，并对模型（5）的相关设定进行调整后进行最小二乘估计（OLS）。本书新定义核心解释变量 $treatment_{ic}$ 为事前区分处理组样本和对照组样本的虚拟变量，其中位于最终创建了国家现代农业示范区的6个县的农户样本均取值为1，一直为非示范区县的农户样本均取值为0，建立模型（6）：

$$y_{ic} = \alpha + \gamma treatment_{ic} + \beta X_i + \varepsilon_i \tag{6}$$

根据平行趋势假设的要求，在示范区创建前的调查期里示范区县农户和非示范区县农户家庭的收入状况不应该存在显著差异，也就是模型（6）中 $treatment_{ic}$ 的回归系数应该不显著。表6-5第（1）列最小二乘估计（OLS）的回归结果显示，核心解释变量 $treatment_{ic}$ 的回归系数确实并不显著，这说明在基期时示范区县农户和非示范区县农户的家庭收入情况确实不存在显著差异，符合平行趋势假设。

其次检验在示范区创建之前，先、后成为示范区创建单位的县的样本农户在基期时的家庭收入情况是否存在系统差异。由于本节示范区的创建时间不一致，2010年有1个县创建了示范区，2012年有5个县创建了示范区，前文DID模型所估计的平均因果效应也是基于示范区创建时间不一致得到的。因此，本书认为有必要对先、后创建示范区的样本县内的农户在基期时的家庭收入是否存在系统性差异进行实证检验。本书同样将示范区创建前的两期数据看作混合横截面数据，并继续沿用模型（6）对事前的两期数据进行OLS估计，重新定义模型（6）中的核心解释变量 $treatment_{ic}$ 为事前区分先、后创建示范区的县的虚拟变量，其中先创建示范区的瓦房店市的样本农户取值为1，后创建示范区的5个县的样本农户取值为0，其余设定不变。按照平行趋势假设的要求,先、后创建示范区的县内农户家庭收入状况不应该存在显著差异,因此 $treatment_{ic}$ 的回归系数也应该不显著。表6-5第(2)列最小二乘估计(OLS)的回归结果显示,核心解释变量 $treatment_{ic}$ 的回归系数确实也不显著,这说明在基期时先、后创建示范区的县的样本农户的家庭收入情况也不存在显著差异,符合平行趋势假设。

其二,事中检验。借鉴范子英等(2017)的做法,在模型(5)中加入"县固定效应×年份"变量来检验示范区县农户和非示范区县农户的家庭收入情况是否符合平行趋势假说,这种做法允许示范区的创建在不同的县有不同的轨迹。表6-5第(3)列给出的结果显示,此时交互项系数仍然在10%的统计水平下显著为正,说明趋势并没有对前文的研究结论产生明显影响。进一步,为了增强说服力和可靠性,本书又将"村固定效应×年份"变量加入模型(5)中对平行趋势进行检验,表6-5第(4)列的回归结果显示,交互项的回归系数仍然在10%的统计水平下显著为正,这进一步说明了前文的研究结论并未受到不同趋势的影响,基准回归结果是稳健的。

表6-5 国家现代农业示范区对农户收入影响的平行趋势检验回归结果

变量名	家庭人均纯收入			
	(1)	(2)	(3)	(4)
	OLS	OLS	DID	DID
核心解释变量	0.219(0.135)	0.293(0.264)	0.357*(0.209)	0.362*(0.212)
控制变量	Yes	Yes	Yes	Yes
时间效应	No	No	Yes	Yes
个体效应	No	No	Yes	Yes
县效应×年份	No	No	Yes	No
村效应×年份	No	No	No	Yes
R^2	0.09	0.10	0.15	0.19
观测值	2 068	404	4 136	4 136

6.5 安慰剂检验

为了排除国家现代农业示范区的增收效应会受到其他不可观测遗漏变

量的影响，本书通过安慰剂检验的方式进一步证明。安慰剂检验的思路是在非示范区县样本中随机设置虚拟示范区县和非示范区县，然后使用 DID 模型进行估计，以检验原先非示范区县中的某些县与其他非示范区县在示范区创建前后是否存在不同趋势。如果交互项的回归系数显著不为 0，那么就说明非示范区县样本农户的收入水平在示范区创建前后存在不同的变化趋势；相反，如果交互项的回归系数不显著，则说明非示范区县样本农户的收入变化趋势在示范区创建前后未发生变化，也即说明了真实的示范区县样本农户和非示范区县样本农户的收入水平在示范区创建前具有共同趋势，既验证了基准回归结果（表 6-3）的稳健性，也表明了示范区的增收效应存在于真实的示范区县中。

借鉴阮荣平等（2020）的做法，安慰剂检验过程的具体操作为：首先删除位于 6 个真实的示范区县的样本农户，然后在原先 29 个非示范区县中随机（由计算机生成）选择 6 个县作为虚拟示范区县，其余 23 个县仍为非示范区县，相对应县内的农户则为虚拟处理组样本和对照组样本，再通过 DID 方法基于模型（5）估计虚拟效应。经过 20 次重复操作后，结果发现，交互项的回归系数均不显著（由于篇幅有限，安慰剂检验的结果未全部呈现，此处仅列出了其中 5 次的基本 DID 回归结果进行说明，见表 6-6），这说明示范区创建前后对照组样本农户收入水平变化的趋势一致，验证了上述交互项回归系数不显著的说法，即示范区创建前后对照组样本农户收入变动趋势未发生变化。上述结果说明本书随机创建的虚拟示范区未发生显著增收效应，从而可以反推出示范区促进农民增收的政策效应是真实存在的，且存在于真正的示范区县中。

表 6-6 国家现代农业示范区对农户收入影响的安慰剂检验回归结果

变量名	家庭人均纯收入				
	（1）	（2）	（3）	（4）	（5）
示范区交互项	0.222 (0.168)	0.096 (0.147)	-0.037 (0.118)	0.099 (0.138)	0.072 (0.168)
控制变量	Yes	Yes	Yes	Yes	Yes
时间效应	Yes	Yes	Yes	Yes	Yes

(续表)

变量名	家庭人均纯收入				
	(1)	(2)	(3)	(4)	(5)
个体效应	Yes	Yes	Yes	Yes	Yes
组内 R^2	0.12	0.12	0.12	0.12	0.12
观测值	3 328	3 328	3 328	3 328	3 328

6.6 其他稳健性检验

尽管在基准回归中本书已经尽可能地对其他可能影响农民收入的潜在因素进行了控制，但仍然可能存在一些不可观测的遗漏因素影响回归结果的可靠性。于是，本书对回归结果进行了以下稳健性检验。

6.6.1 只保留有示范区县的省份样本

在本书的样本中，共计有 8 个省（区），而 6 个示范区县分布在 6 个省（区）中，河南省和广西壮族自治区的样本中没有农户位于创建示范区的县。因此，为了提高样本的可比性，本书删除了河南省和广西壮族自治区的样本农户，只保留有示范区县的省份样本。基本 DID 回归结果如表 6-7 第（1）列所示，可以看到，与基准回归结果相比，此时交互项回归系数的值和显著性水平虽然有所降低，但仍然在 10% 的统计水平下显著为正，说明示范区创建正向促进农户收入增长的结论是基本稳健的。

表 6-7 国家现代农业示范区影响农民收入的其他稳健性检验回归结果

变量名	家庭人均纯收入		
	只保留有政策干预省份	控制变量滞后一期	更改政策冲击时间
	(1)	(2)	(3)
示范区交互项	0.266* (0.144)	0.297* (0.156)	0.195 (0.164)
控制变量	Yes	Yes	Yes
时间效应	Yes	Yes	Yes

(续表)

变量名	家庭人均纯收入		
	只保留有政策干预省份	控制变量滞后一期	更改政策冲击时间
	（1）	（2）	（3）
个体效应	Yes	Yes	Yes
组内 R^2	0.16	0.02	0.13
观测值	3 044	3 102	4 136

6.6.2 控制变量滞后一期

本书考虑到所选的控制变量可能与国家现代农业示范区创建之间产生反向影响，于是将所有控制变量滞后一期代入模型（5）重新进行回归，以降低潜在内生性的影响。表6-7第（2）列给出了所有控制变量滞后一期后的基本DID回归结果，可以看到，交互项的系数仍然为正，并且通过了10%的统计水平检验，说明示范区创建对农民增收的效应确实显著，再次验证了基准回归结果得出结论的稳健性。

6.6.3 更改政策冲击时间

由于本书的事前数据有两期，而事后数据仅一期，因此可以将政策冲击时间提前，通过反事实检验示范区创建的政策效果。本书的具体做法是将处理组创建示范区的时间提前至2008年，以2008年作为示范区创建的政策冲击时点为界限，将样本分为政策实施之前和政策实施之后，处理组和对照组仍为原先的处理组和对照组，再基于模型（5）进行估计。根据反事实检验，如果此时的交互项未对农户家庭人均纯收入产生显著性的影响，那么就表明在示范区创建之前确实不存在其他的影响处理组样本和对照组样本的系统性误差，也就说明本书前文由基准回归结果得出的结论是可信的。反之，如果此时的交互项对农户家庭人均纯收入产生了显著性的影响，那么就表明创建示范区产生的增收效应不仅来自自身政策的影响，还可能由于其他因素的存在而受益，此时由基准回归结果得出的结论可能存在偏误。表6-7第（3）列为更改政策冲击时间后的基本DID回归结果，可以看到，在把示范区创建时间提前至 2008 年后，交互项的回归系数不再显著，这表明农户家庭人均纯收入水平的提高确实来自真实示范区的创建，而非其他政策因素的影响，从而就可以反推出基本回归结果得出的结论是基本稳健的。

6.7 本章小结

本章主要研究目标是从微观农户层面再次检验国家现代农业示范区对农民收入的影响。利用 DID 和 PSM-DID 模型，基于 2005—2014 年农户面板数据的研究发现，前两批创建的国家现代农业示范区确实有利于促进农民增收，从微观层面再次验证了结论的可靠性。平行趋势检验和其他稳健性检验均未对结论的可靠性产生影响，说明前两批创建的示范区有利于促进农民增收的结论是可靠的。

第7章

国家现代农业示范区与农民增收的作用机理分析

第5章和第6章的研究结果表明，国家现代农业示范区的创建对农民收入水平具有一定的正向促进作用，且这种促进作用主要源于前两批创建的示范区整体上对农民收入增长具有显著正向影响。那么国家现代农业示范区是通过什么作用机制对农民收入水平产生显著影响的呢？在完成了对示范区增收效应是否存在的分析后，对"增收效应如何存在"这一问题的研究就显得尤为必要。为了考察国家现代农业示范区带动农户增收的作用机制，本章将同时采用实证检验和案例研究两种方式进行说明。由于在第5章和第6章的实证部分，主要得出前两批创建的示范区对农民收入有显著的促进作用，故本章对示范区增收效应作用机制的实证检验主要基于前两批创建的示范区，同时也会对全部三批示范区的作用机制情况进行辅助检验，以加强结论的可靠性。

7.1 实证检验

7.1.1 模型与变量

在第3章的机制分析部分，已经通过梳理现有的研究成果，从理论上分析了国家现代农业示范区可能对农民收入增长产生影响的作用机制，即示范区主要通过改善农业生产条件和扶持培育新型农业经营主体促进农业产业化经营两条路径促进农民增收，但尚未得到实证验证。接下来，本节首先采用实证检验的方式对这两个作用机制进行验证。

借鉴相关文献（江艇，2022）的介绍，并结合已有文献的做法（Dell，

2010），本书对作用机制的检验方法依然采用基准模型（3）的双重差分模型，但是被解释变量从"农民人均收入"替换为所需验证机制的代理变量。

$$y_{ct} = \alpha + \gamma D_{ct} + \beta X_{ct} + \sum_{k=1}^{3} \delta_k P_{ckt} + \rho_t + \upsilon_c + \rho_t \omega_p + \varepsilon_{ct} \qquad (3)$$

根据第3章的理论分析，以及借鉴相关研究（张国建 等，2019）和基于收集到的能够衡量相关作用机制的代理变量，本书选取"农业机械总动力（机械化）、有效灌溉面积（水利化）和农村用电量（电气化）"三个机制变量表征农业生产条件改善情况，选取"农民专业合作社密度"表征新型农业经营主体带动产业化经营情况，并以此分别作为模型（3）的被解释变量 y_{ct} 检验示范区创建带动农户增收的作用机制。当交互项的系数 γ 显著时，本书就可以认为示范区的创建会对所需验证的机制变量具有显著影响，再结合理论分析以及系数的符号，就可以得出所要验证的机制是否是示范区产生增收效应的作用机制。

按照预期，如果示范区创建对农民增收的作用是通过改善农业生产条件产生，那么"农业机械化总动力、有效灌溉面积、农村用电量"三个机制变量分别作为被解释变量时，交互项的系数应该显著为正；如果示范区创建对农民增收的作用是通过扶持和培育新型农业经营主体促进产业化经营产生，那么机制变量"农民专业合作社密度"作为被解释变量时，交互项的系数也应该显著为正。从而，结合理论分析部分，本书就可以认定农业生产条件改善和扶持培育新型农业经营主体促进农业产业化经营是示范区促进农民增收的作用机制。

需要说明的是，限于农户数据中指标的可得性，本章中计量回归结果均采用的是县域面板数据。本章所选取机制变量的赋值以及描述性统计情况见表7-1。

表7-1 机制变量选取、赋值与描述性统计（前两批）

变量	变量赋值	均值	标准差	最小值	最大值
农业生产条件					
农业机械总动力	万千瓦	49.694	41.894	1.205	336
有效灌溉面积	公顷，取对数	10.068	0.972	1.740	11.984
农村用电量	万千瓦时，取对数	9.488	1.255	2.321	14.225

(续表)

变量	变量赋值	均值	标准差	最小值	最大值
农业产业化经营					
农民专业合作社密度	万人均农民专合社数量	9.907	9.805	0.012	102.698

7.1.2 农业生产条件机制检验

本书选取了"农业机械总动力（机械化）、有效灌溉面积（水利化）和农村用电量（电气化）"三个机制变量来表征农业生产条件改善情况。表7-2展示了前两批创建的示范区对农业生产条件影响的基本DID回归结果。可以看到，在"农业机械总动力"这一变量作为被解释变量时，交互项的系数在5%的统计水平上显著为正。这说明与非示范区县相比，示范区的创建显著提高了示范区县的农业机械化水平，改善了示范区县的农业生产条件，从而带动了农民增收。也就是说，农业生产条件改善（农业机械化水平衡量）是示范区间接带动农民增收的作用机制这一假设是成立的。

表7-2 国家现代农业示范区影响农民收入的作用机制检验Ⅰ（前两批）

变量名	农业机械总动力	有效灌溉面积	农村用电量
示范区交互项	3.137** (1.410)	−0.005 (0.032)	0.043 (0.039)
控制变量	Yes	Yes	Yes
时间效应	Yes	Yes	Yes
个体效应	Yes	Yes	Yes
年份×省固定效应	Yes	Yes	Yes
组内 R^2	0.420	0.115	0.446
观测值	12 441	7 532	9 025

同时，本书也对全部三批创建的示范区样本进行了检验，基本DID回归结果见表7-3。可以看到，三个机制变量无论哪个作为被解释变量时，交互项的估计系数均不显著。这说明全部示范区样本中，示范区的创建整体上对农业生产条件没有明显改善，这也验证了前文全部三批示范区整体上

对农民收入增长影响不显著的结论。同时，该回归结果也从侧面反映出前两批创建的示范区通过提高农业机械水平促进农民增收的作用机制是成立的。

表7-3 国家现代农业示范区影响农民收入的作用机制检验Ⅰ（全三批）

变量名	农业机械总动力	有效灌溉面积	农村用电量
示范区交互项	−1.085 (1.127)	0.008 (0.020)	0.030 (0.025)
控制变量	Yes	Yes	Yes
时间效应	Yes	Yes	Yes
个体效应	Yes	Yes	Yes
年份×省固定效应	Yes	Yes	Yes
组内 R^2	0.396	0.121	0.446
观测值	14 727	8 817	10 529

7.1.3 农业产业化经营机制检验

本书选取了"农民专业合作社密度"来表征新型农业经营主体带动农业产业化经营的情况。表7-4第（1）列展示了前两批创建的示范区对培育和扶持新型农业经营主体促进产业化经营影响的基本DID回归结果。可以看到，当只纳入前两批创建的示范区样本时，交互项的回归系数在10%的统计水平上显著为正，说明与非示范区县相比，示范区的创建确实促进了示范区县农民专业合作社等新型农业经营主体的培育，新型农业经营主体通过农业产业化经营带动农民增收。也就是说，促进农业产业化经营（新型农业经营主体衡量）是示范区带动农民增收的作用机制这一假设也是成立的。

接着，本书也对全部三批创建的示范区样本进行了检验，基本DID回归结果见表7-4第（2）列。可以看到，交互项系数虽然为正但并不显著，说明全部样本中，示范区创建整体上对培育新型农业经营主体方面并没有显著提高，这也验证了前文全部三批示范区整体对农民收入增长影响不显著的结论。同时，该回归结果也从侧面反映出前两批创建的示范区通过培育和扶持新型农业经营主体促进产业化经营、促进农民增收的作用机制是成立的。

表7-4 国家现代农业示范区影响农民收入的作用机制检验Ⅱ

变量名	农民合作社密度（前两批）(1)	农民合作社密度（全三批）(2)
示范区交互项	1.267* (0.753)	0.541 (0.535)
控制变量	Yes	Yes
时间效应	Yes	Yes
个体效应	Yes	Yes
年份×省固定效应	Yes	Yes
组内 R^2	0.760	0.772
观测值	5 352	6 505

7.2 农业产业化经营的实践经验

在"示范区创建—扶持培育新型农业经营主体促进农业产业化经营—农民增收"这个机制链条中，前面一节通过实证检验的方式证实了示范区的创建确实能够促进新型农业经营主体的培育。也就是说，与非示范区县相比，示范区县由于受到政策、资金等的倾斜支持明显提高了新型农业经营主体的培育，进而通过新型农业经营主体的产业化经营带动农民增收。但上述实证检验有一个不足之处在于没有办法展示新型农业经营主体如何通过产业化经营带动农户增收的具体机制。考虑到实证结果的局限性，本节拟通过案例研究的方式，对新型农业经营主体通过产业化经营带动农户增收的具体机制进行剖析，也就是打开机制链条后半部分的"黑箱"。需要说明的是，限于数据可得性，上一节以农民专业合作社指代新型农业经营主体，本节则主要以农业龙头企业进行衡量，虽然不完全一致，但是二者都属于新型农业经营主体，并且在实践中，通常也并非割裂开来，大多是以"农业龙头企业+合作社+农户"的经营模式带动农民增收。因此，无论是农民合作社还是农业龙头企业，用于衡量新型农业经营主体带动产业化经营的情况都是合理的。

7.2.1 案例选取

为获取丰富且准确的案例资料，笔者到不同示范区县进行了实地调研，并对包括农业龙头企业负责人、企业职工、合作社负责人、各级干部以及受益农户等不同主体进行了访谈，收集到了超过15个小时的访谈录音，整理出了近3万字的访谈资料。并且，为了深入了解所选案例中农业龙头企业进行农业产业化经营的基本情况，笔者不仅通过实地调研收集一手资料，还通过对当地农业农村部门访谈获取案例的相关信息和总结材料，同时通过网络查询以及公开报道、新闻媒体采访等途径获得案例的其他资料，以实现案例资料的相互补充和交叉验证。

接下来，本书基于实地调研的5家农业龙头企业的案例对新型农业经营主体通过产业化经营带动农户增收的具体机制进行剖析。在此之前，对示范区创建、扶持和培育新型农业经营主体促进农业产业化经营以及农民增收三者之间的关系再次进行说明。上一节实证检验部分，本书已经利用计量分析方式证明了示范区的创建确实使得示范区县比非示范区县更多扶持和培育了新型农业经营主体促进农业产业化经营，也就是说，在"示范区创建—扶持培育新型农业经营主体促进农业产业化经营—农民增收"这条机制链条中，前半部分链条已经得到了验证，本节则主要利用案例形式来说明新型农业经营主体是如何通过农业产业化经营具体带动农民增收的，通过说明机制链条的后半部分"黑箱"，实现整个机制链条的完整验证。

本节选取的5家农业龙头企业包括贵州湄潭盛兴茶业有限公司（以下简称"湄潭茶业"）、黑龙江省龙蛙农业有限公司（以下简称"龙蛙农业"）、四川红原牦牛乳业有限责任公司（以下简称"牦牛乳业"）、河南三高农牧股份有限公司（以下简称"三高农牧"）、广西扬翔股份有限公司（以下简称"扬翔股份"）。之所以选择这5个农业龙头企业农业产业化经营的案例作为研究对象，主要基于以下三个方面的考虑：一是所选的案例均位于国家现代农业示范区内，且均实现了农业产业化经营，都是农业产业化国家重点龙头企业，在土地、税收、贷款、融资等方面享受当地政府的优惠政策支持，有能力、有责任带动农户增收，符合本书研究目标需要。二是所选的案例类型既包括种植业企业，也包括养殖业企业，涵盖了农户进行农业生产的两种主要类型。其中，盛兴茶业和龙蛙农业属于种植业企业，牦牛乳业、三高农牧和扬翔股份属于养殖业企业。三是所选的案例涵盖我国的不同区域，有利于反映不同区域的差异。其中，盛兴茶业和牦牛乳业地处西部地区，龙蛙农业位于东北地区，三高农牧和扬翔股份则分别位于中部地区和南部地区。

7.2.2 案例介绍

7.2.2.1 湄潭茶业

湄潭茶业位于贵州省湄潭县。公司成立于2007年11月，注册资本2 000万元。湄潭茶业主要从事茶叶的种植、生产、加工和销售，并实现了一体化经营，是当地有名的农业产业化经营龙头企业。公司拥有无公害核心茶园基地5 700亩，以"公司+基地+农户"和"公司+合作社+农户"两种经营模式与茶农结成利益联结体，连接带动茶农2 000余户。公司通过订单采购、提供就业、土地流转、技术指导等方式带动茶农增收。公司还一直专业从事"遵义红"茶系列产品的研发、生产及销售，已陆续开发"遵义红"红茶系列产品9种，申请专利27件。

7.2.2.2 龙蛙农业

龙蛙农业位于黑龙江省望奎县。公司成立于2003年初，注册资本3 000万元，是一家以水稻种植、加工、销售和粮食收储为主营业务的农业产业化经营龙头企业。在推行农业产业化过程中，龙蛙农业以市场为导向，大力推行标准化生产，通过"企业+基地+合作社+农户"模式全力打造水稻种植智慧溯源产业化大基地，并提供全程的生产服务，实现了农户和企业共赢。龙蛙农业还对从事农业种植的水稻产业基地农户，给予土地价格保底、增产奖励、技术服务、设施建设等综合性、系列化扶持措施，构建了多层次、全方位的种植户增收提能保障机制。

7.2.2.3 牦牛乳业

牦牛乳业位于四川省红原县。公司成立于2001年6月23日，注册资本1 500万元，固定资产5.6亿元。牦牛乳业是一家专业进行有机牦牛乳品生产和加工的农业产业化经营龙头企业,集冷却、检测、过滤、储存为一体。牦牛乳业是全国最大的有机牦牛乳制品加工企业,生产能力达10万吨。在推行农业产业化过程中,牦牛乳业积极带动当地农牧民增收,公司主要通过"龙头企业+合作社+农牧户"的模式与农牧户签订订单合同,加价收购鲜奶,从而带动农牧民增收。同时,牦牛乳业还通过统一的生产管理,即统一技术指导、统一运输、统一收购储存,研发"移动采奶站"进行鲜奶收购,对牦牛奶进行标准化生产管理,提高鲜奶质量,增加农牧户收入。

7.2.2.4 三高农牧

三高农牧位于河南省固始县。公司成立于2004年2月20日,注册资本3 224万元。三高农牧是一家主要从事地方优良畜禽品种——固始鸡、豫南猪的选育研究与产业化经营的农业产业化经营龙头企业。在推行农业产业化过程中,三高农牧积极承担社会责任,主要通过"公司+养殖小区+农户"的经营模式将养殖户与企业紧密联系起来,在当地政府政策支持下,建设养殖小区,免费提供给养殖户进行固始鸡、豫南猪的养殖,为保证农户养殖不受市场行情的影响,以保底价进行回收,确保农户的养殖收益。

7.2.2.5 扬翔股份

扬翔股份位于广西壮族自治区贵港市港北区。公司成立于1998年4月28日,注册资本4.4亿元,实缴资本2.4亿元。扬翔股份是一家主要经营自养猪和服务养猪的农业产业化经营龙头企业。在推行农业产业化的过程中,扬翔股份基于自身产业优势,联合当地及周边地区的养殖大户,通过"企业+养殖大户+养殖场+农户"的经营模式带动农户增收,主要通过与养殖大户联合流转周边农户土地组建养猪场,为周边地区农户提供就业岗位,并进行养殖技术培训,前者可以增加农户的工资性收入,后者则可以提高农户的养殖技术,养殖能力的提高有利于帮助其提高养殖品质,增加养殖收入。

表7-5展示了上述5个案例的基本情况。可以看到,各个企业基本都通过"企业/公司+合作社/养殖大户(小区)/基地+农户"的农业产业化经营模式带动农民增收。

表 7-5 所选案例企业的基本情况介绍

龙头企业名称	所在示范区县	成立时间	注册资本	产业类型	产业化经营模式
湄潭茶业	湄潭县	2007 年	2 000 万元	种植业	公司+基地+农户 公司+合作社+农户
龙蛙农业	望奎县	2003 年	3 000 万元	种植业	企业+基地+合作社+农户
牦牛乳业	红原县	2001 年	1 500 万元	养殖业	龙头企业+合作社+农牧户
三高农牧	固始县	2004 年	3 224 万元	养殖业	公司+养殖小区+农户
扬翔股份	港北区	1998 年	4.4 亿元	养殖业	企业+养殖大户+养殖场+农户

7.2.3 案例分析

从案例来看,农业龙头企业推行农业产业化经营有利于提高农产品的附加值,进而就可以通过不同的利益联结机制向农户转移部分收益,从而带动农户增收。根据所选取案例,农业龙头企业带动农户增收的利益联结机制主要有以下方面。

7.2.3.1 以订单收购形式直接带动农户进行生产增收

湄潭茶业在"公司+合作社+农户"的经营模式中,通过与当地主要产茶区域的村集体、合作社、茶青经纪人签订定点采购合同,由他们将各区域的茶青收集起来,并统一交付到公司内,公司在支付货款时,实行每千克高于市场价 1~2 元的收购价,以保障周边茶叶种植户有稳定的经济收益。湄潭茶业每年通过收购茶青的方式可以辐射茶农 2 000 余户,户均增收 1 500 余元。

龙蛙农业通过"公司+基地+农户"的经营模式,在流转农户土地建设水稻基地后,返聘农户在水稻基地进行种植,每年水稻种植前签订种植协议,公司统一免费提供种子、化肥、农药等农用生产资料,约定给水稻种植户每亩不低于 600 元的务农费。同时,根据地块肥力不同,约定水稻成熟后农户需上交给企业的粮食产量,超产部分以市场价进行收购。约定的农户需要上交的产量通常低于该地块正常能够达到产量,企业将超产部分全部让利给农户,以此激励农户水稻种植的积极性。龙蛙农业每年支付水稻增产奖励 210 余万元,帮助农户获得经营性收入。

牦牛乳业以"龙头企业+合作社+农户"的订单农业模式收购周边牧户的鲜牦牛奶,通过与5家合作社、6 012户牧民签订长期收购合同,以高于市场价收购牧户鲜奶(收购价7元/千克,市场价3元/千克),形成产销相结合的经济模式,基本涵盖红原县农村。仅2017年,就有实际交奶户3 600余户,户均收入2.3万元,占家庭收入的70%以上。

三高农牧以养殖小区为服务平台,在养殖初期统一低价向养殖户提供育成的青年鸡和仔猪,解决种苗问题;在养殖过程中,还统一低价向养殖户提供饲料、疫苗等,降低农户生产成本;在养殖后期,鸡、猪可以出栏时,公司为了确保养殖户的养殖收益,会实行保底价回收,当保底价低于市场行情时,以市场行情为准进行回收;当市场行情低于保底价时,则以保底价回收,确保农户养殖不受市场行情的影响,从而保证农户的养殖收益。三高农牧每年带动约2万户农户从事固始鸡、豫南黑猪养殖,以保护价回收成鸡和肥猪多支出700余万元,户均额外增收3 000元。

通过上述案例分析可以总结出,农业龙头企业通过订单收购带动农户增收的具体机制:降低生产成本、以订单价格或保护价格收购产品。具体见图7-1。

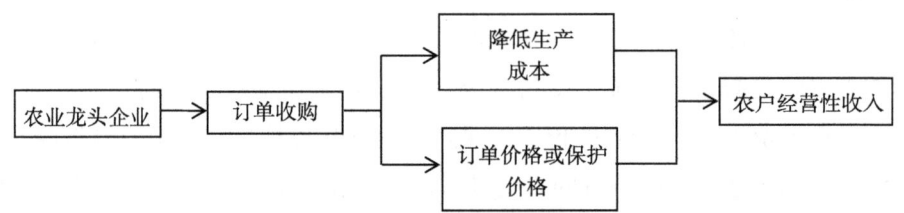

图7-1 农业产业化经营带动农户增收机制:订单收购

7.2.3.2 以基地建设等形式提供大量就业机会增加农户工资收入

湄潭茶业拥有自己的茶叶基地,基地在种植、除草、修剪、施肥、防虫等方面的管理上需要大量用工。种植1亩茶园,翻土、打窝、种植等环节需要5个劳动力,按照80元/天计算,每亩工费约400元,2018年公司新种植了150亩茶园,提供就业岗位辐射了周围农户75户,户均增收800元;此外,茶园每年需要人工除草(为了保障茶叶质量,茶园基地中禁用草甘膦等除草剂,均采用人工除草)5次,每次每亩需要2人工,每年需修剪2

次，每次每亩需要0.5人工，以及施肥、防虫等农业管理措施，每年每亩还需投入4人工，综合计算下来，每年每亩需15人工，每年每亩用工费约1 200元，2018年公司共计350亩新茶园提供就业岗位带动周边75户农户，户均增收5 600元。

龙蛙农业通过"公司+基地+农户"的经营模式，在流转农户土地建设水稻基地后，返聘农户在水稻基地进行种植，约定给水稻种植户每亩不低于600元的务农费，增加种植户的工资收入。龙蛙农业每年返聘800余名农民在水稻基地进行水稻种植，年均支付务农费1 800余万元，人均增收22 500元。

牦牛乳业与设备厂家合作开发出了具有自主知识产权的"移动采奶站"进行鲜奶收购。公司将移动采奶站运至各个奶源采集点，进行牦牛奶的收购，并当场进行检测、过滤、降温和储存，每个移动采奶站都需要人工收奶与简单加工，这为当地提供了就业岗位，每个采奶站需要3~4人，每人每天有100元左右的工资收入。

扬翔股份联合养殖大户统一规划建设生态养猪场，根据养殖计划，每个养猪场每年最少出栏1 000头肉猪，这为周边农户提供了到养殖场就业的机会，每天可以获得80~100元不等的工资收入。

通过对上述案例的分析，本书可以总结出，农业龙头企业通过分工形式提供就业机会带动农户工资性收入水平提高。具体见图7-2。

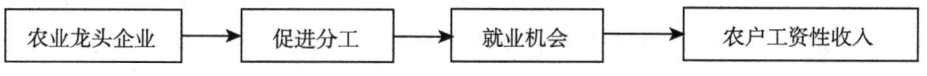

图7-2 农业产业化经营带动农户增收机制：提供就业

7.2.3.3 通过流转农户土地增加农户租金收入

湄潭茶业通过流转农户的土地建设自己的茶叶基地，其中2017年、2018年共流转约350亩土地，首年按照600元/亩的价格流转农户土地，之后每年每亩将递增20元，保障流转农户土地收益。350亩土地共涉及农户175户，湄潭茶业每年支付流转费约21万元，带动户均年增收1 200元。

龙蛙农业通过与村内的水稻种植合作社合作，双方签订土地整体流转协议，将流转的农户土地用于水稻产业基地的建设。通过将分散的土地集中，实行规模化、集约化、专业化的水稻生产和产业化的经营。当前，龙蛙农业共计流转土地面积约3万亩，覆盖了约167户农户，每亩土地每年的流转费用为600元，公司一次性支付给农户三年的流转费用，增加了农户的财产性收入。

扬翔股份联合养殖大户通过流转农户土地建设生态养猪场，根据养殖计划，每个养殖场最少流转100亩土地，每亩土地每年的租金为1 000元左右，显著增加了周边农户的财产性收入。

通过对上述案例的分析，可以总结出，农业龙头企业为了进行适度规模经营，流转农户土地，降低农业生产的边际成本，获取更多收益，进而通过租金形式转移给农户，增加农户的财产性收入。具体见图7-3。

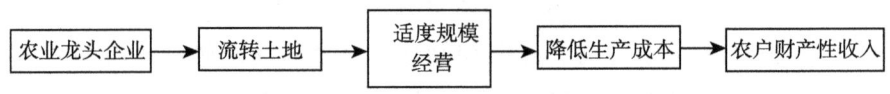

图7-3　农业产业化经营带动农户增收机制：流转土地

7.2.3.4 通过技术研发和推广提升农户种植养殖技术水平，通过提升产品质量间接增加农户收入

所选取的案例企业都非常重视技术在农业生产过程中的作用，主要通过两种渠道实现。

一是引入新品种、开发新技术。例如，湄潭茶业"遵义红"系列红茶开发成功以来，通过品牌溢价有了提高茶青鲜叶收购价的能力，通过每千克比市场价高1~2元的价格让利茶农，带动农户增收效果显著。龙蛙农业为保证水稻品质，水稻种植基地从整地、浸种催芽、育秧、施肥、植保、收获到保管实现"七统一"，并通过云智慧追溯系统平台实现农产品全链条全程可追溯，保证产品品质。牦牛乳业与设备厂家合作开发出了具有自主知识产权的"移动采奶站"进行鲜奶收购。公司将移动采奶站运至各个奶源采集点，进行牦牛奶的收购，牧民在采奶后两小时内将牦牛奶送至移动采奶站，并当场进行检测、过滤、降温和储存，降低牧民运输成本和储存成本，严格保证了鲜奶质量。

二是开展技术推广与服务。从案例情况来看，主要有2种技术推广形式。

第一种是以组织技术培训的方式推广。湄潭茶业特聘福建茶种植专家长期驻守茶叶基地，亲身指导并培训茶农，通过茶叶基地建设和用工，有机茶和高端茶的种植技术和科学养护方法得以传播，很多茶农凭借在茶叶基地务工时学到的技术，转变了茶叶种植观念，从企业获取优质茶籽，自行育苗改良品种增加了收益，同时采摘技艺的提升也增加了收益。龙蛙农业为保证水稻品质，定期举行育秧、田间管理等水稻种植技术培训，每年提供水稻技术指导和培训投入金额约2万元，参加技术培训的农户约1 600人次。通过技术培训，农户的水稻种植技能得到了显著提高，显著提高了稻米品质，确保了收益。牦牛乳业每年免费为2 000人以上的农牧民开展标准养殖及"清洁采奶技术"培训，通过现代化养殖、挤奶方式的引入，改变牧民原有的传统养殖方式，提高了牦牛奶的质量和牧民采奶技术，有利于间接增加牧民收入。

第二种是以组织技术服务的方式推广。例如，三高农牧专门组建了"豫佳养殖服务中心"，该中心设有专职技术服务人员41人，分为5个技术服务团队，每个团队根据乡镇的分布情况包片，全程负责每个片区的技术指导工作，除了例行指导以外，还根据农户的具体疑惑直接下村入户进行指导，帮助养殖户解决养殖问题，提高养殖品质，间接增加收入。扬翔股份同样组建了养猪服务团队为各个养殖场提供全程全方位的技术服务工作，通过实行统一规划、统一建设、统一供苗、统一供料、统一技术服务、统一收购产品，最大限度地降低了养殖成本、提高了经济效益。根据企业的统计数据，其通过"六统一"服务，使养殖场的平均生猪出栏存活率达到了95%，比全国生猪出栏存活率的平均水平高了6个百分点，并且，各养殖场的养殖效率也达到了平均每年2.2批，显著提高了经济效益，带动农户增收显著。

通过对上述案例的分析，可以总结出，农业龙头企业在产业化经营过程中，通过引入新品种，能够产生品牌溢价效应；通过引入新技术，能够帮助农户降低交易成本、提高产品质量；通过提供农业生产技术指导，能够帮助农户提高产品质量。也就是说农业龙头企业通过技术研发和推广能够间接增加农户收入。具体见图7-4。

综合上述农业龙头企业通过产业化经营带动农户增收的案例，本书对5

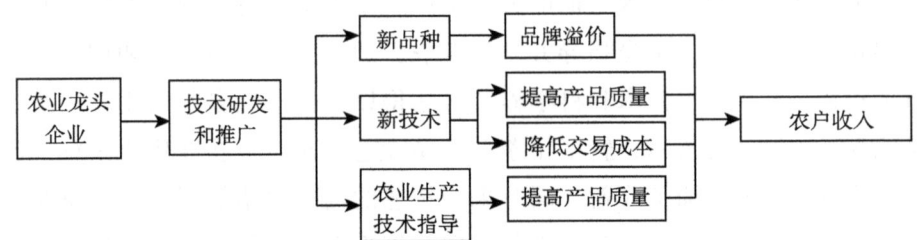

图 7-4　农业产业化经营带动农户增收机制：技术研发和推广

家农业龙头企业带动农民增收的不同机制进行了汇总，具体见表 7-6。可以看到，湄潭茶业、龙蛙农业以及扬翔股份主要通过订单收购、提供就业、流转土地以及技术推广与服务等机制带动农户增收；牦牛乳业主要通过订单收购、提供就业和技术推广与服务三种机制带动农户增收；三高农牧则主要通过订单收购、技术推广与服务两种机制带动农户增收。也就是说，新型农业经营主体推行农业产业化经营确实可以通过不同的利益联结机制带动农民增收，本书第二条假设机制的后半部分链条得到了验证。至此，"示范区创建—扶持和培育新型农业经营主体促进农业产业化经营—农民增收"这条假设的机制链条便得到了完整验证。

表 7-6　所选案例农业产业化经营带动农户增收机制汇总

龙头企业名称	订单收购	提供就业	流转土地	技术推广与服务
湄潭茶业	√	√	√	√
龙蛙农业	√	√	√	√
牦牛乳业	√	√		√
三高农牧	√			√
扬翔股份	√	√	√	√

7.3　本章小结

本章主要的研究目标是检验国家现代农业示范区的农民增收效应是通过什么机制发挥作用的。通过实证检验和案例分析两种途径对第 3 章理论分析中假设的相关机制进行了检验，假设的机制主要包括两条：一是改善农业生产条件；二是通过和培育新型农业经营主体推动产业化经营。

在实证检验部分，本研究选取了"农业机械总动力（机械化）、有效灌溉面积（水利化）和农村用电量（电气化）"三个机制变量表征农业生产条件改善情况，选取"农民专业合作社密度"表征新型农业经营主体带动产业化经营情况。结果发现，前两批创建的示范区有助于提高农业机械化水平间接促进农民增收和促进培育新型农业经营主体进行农业产业化经营直接带动农民增收，本研究假设的作用机制均得到验证。

考虑到实证结果的局限性，本研究又通过案例研究的方式，基于5家农业龙头企业进行农业产业化经营的案例对新型农业经营主体带动农户增收的具体机制进行了剖析，主要验证第二条假设机制的后半部分"黑箱"。通过分析，本节得出新型农业经营主体带动农民增收的四条主要路径：一是以订单收购形式直接带动农户进行生产增收；二是以基地建设等形式提供大量就业机会增加农户工资收入；三是通过流转农户土地增加农户租金收入；四是通过技术研发和推广提升农户种植养殖技术水平，通过提升产品质量间接增加农户收入。

第8章

研究结论与政策启示

8.1 研究结论

通过将国家现代农业示范区的创建视为一次准自然实验,基于2006—2019年宏观县域面板数据和2005—2014年微观农户面板数据,利用DID和PSM-DID等方法准确识别了国家现代农业示范区对农民收入的影响,并对其动态效果和作用机制进行了探讨和分析,主要研究结论如下。

8.1.1 国家现代农业示范区的创建对农民收入具有正向促进作用

本书利用DID和PSM-DID模型,分别基于县域面板数据和农户面板数据,从宏观与微观两个层面实证检验了国家现代农业示范区对农民收入的影响。基于宏观县域面板数据的研究发现,国家现代农业示范区的创建整体上对农民收入有促进作用,但这种促进作用不具有统计意义上的显著性。通过分批次回归发现,整体作用效果的不显著主要源于第三批创建的示范区的作用效果不佳。单独检验前两批创建的示范区,发现对农民收入起到了显著的促进作用。通过微观农户数据对前两批创建的示范区的增收效应进行再次检验,这一结论也得到了进一步的验证。平行趋势检验和其他稳健性检验均保证了结论的可靠性。

8.1.2 国家现代农业示范区创建的增收效应具有一定持续性

在得到前两批创建的国家现代农业示范区具有显著增收效应的基础上,为了观察这种增收效应是否存在时滞性,本书又采用事件分析法(Event Study)对前两批创建的国家现代农业示范区的动态效果进行了检验。结果发现，国家现代农业示范区在创建当年及之后 6 年，回归系数估计值均在 1%或 5%的统计水平上显著为正，系数值在创建后 1 年达到最大，说明国家现代农业示范区创建后 1 年对农民收入的增收效应最大，之后系数估计值虽然有所下降，但仍然显著为正，说明示范区创建的增收效应具有一定持续性。

8.1.3 国家现代农业示范区的创建有助于改善收入分配状况

通过分地区回归发现，全部三批样本或前两批样本中，中部地区和西部地区的国家现代农业示范区对农民收入有显著的增收效应，而东部地区和东北地区的示范区对农民收入影响不显著，这一结论对于改善地区间的收入分配状况、缓解发展不平衡不充分的主要矛盾具有重要的实践价值。

除了分地区回归，本书还基于初期收入水平的不同进行了分组回归，研究发现，全部三批样本中只有基期处于低收入组的国家现代农业示范区发挥了显著的增收效应，而前两批创建的国家现代农业示范区样本中，基期处于低收入组和中低收入组示范区的增收效应明显优于其他组别，这一结论对于改善收入分配状况同样具有重要的政策含义。

8.1.4 国家现代农业示范区主要通过提高农业机械化水平间接促进农民增收、扶持培育新型农业经营主体推进产业化经营直接带动农民增收

在得到前两批创建的国家现代农业示范区对农民增收具有显著促进作用的基础上，通过实证检验和案例分析两种途径对第 3 章假设的国家现代农业示范区影响农民收入的作用机制进行了检验，假设的机制主要包括两条：一是改善农业生产条件；二是通过和培育新型农业经营主体推动产业化经营。

在实证检验部分，本书选取"农业机械总动力（机械化）、有效灌溉面积（水利化）和农村用电量（电气化）"三个变量表征农业生产条件改善情况，选取"农民专业合作社密度"表征新型农业经营主体带动产业化经营情况。结果发现，前两批创建的示范区有助于提高农业机械化水平间接促进农民增收和促进培育新型农业经营主体推动产业化经营直接带动农民增收，本书假设的作用机制得到验证。

进一步，考虑到实证结果的局限性，又通过案例研究的方式，基于5家农业龙头企业进行农业产业化经营的案例对新型农业经营主体带动农户增收的具体机制进行剖析，主要验证第二条假设机制的后半部分"黑箱"。通过案例分析，得出了新型农业经营主体带动农民增收的四条主要路径：一是以订单收购形式直接带动农户进行生产增收；二是以基地建设等形式提供大量就业机会增加农户工资收入；三是通过流转农户土地增加农户租金收入；四是通过技术研发和推广提升农户种植养殖技术水平，提升产品质量间接增加农民收入。

8.2 政策启示

国家现代农业示范区是现代农业园区的一种重要表现形式，担负着探索特色农业现代化道路，以及引领农业改革与创新的重任，在促进农民增收方面发挥了一定作用，但也存在一些问题。基于本书的研究结论，得出如下政策启示。

8.2.1 提高现代农业园区的时代性、延续性和稳定性

根据对不同阶段现代农业园区政策的划分以及着重对国家现代农业示范区政策作用效果的评估，可以看出，现代农业园区政策在促进农民增收方面发挥了重要作用。因此，未来的政策方向如下。

一是立足于推进乡村全面振兴的新阶段，提升现代农业园区政策的时代性。除了不断改善农业生产条件、追求更新的生产技术外，更重要的是要大力依靠新型农业经营主体推动农业产业化经营，通过新型农业经营主体打通"小农户"与"大市场"之间的联系，能够让小农户更多地参与到产业链中去，享受二、三产业带来的红利。同时，随着数字化时代的到来，以及国家对于"数字乡村"战略的大力推动，现代农业园区要紧跟时代特征，积极进行数字化转型，通过发展智慧农业、推动乡村产业数字化、传统基础设施智慧化以及进一步发展农村电商等，进一步推动现代农业园区的现代化步伐。

二是遵循发展规律，增强现代农业园区政策的延续性。在我国，目前

仍有较多地方面临着农业生产条件落后、生产经营方式单一的问题，这种传统农业的生产特征已经渐渐不适应社会的发展进步和农业现代化进程的发展要求，不利于农民实现增产增收。因此，要继续推行现代农业园区政策，通过区域性整体推动，带动更多农民参与其中，享受现代农业发展的成果，尤其是在一些低收入县，更多现代农业政策的支持将极大激发带动农民增收的潜力。

三是围绕创建现代农业园区的根本目的，保持现代农业园区政策的稳定性。本书的研究结论中，虽然示范区的增收作用具有一定持续性，但随着政策实施时间的进一步延长，增收效果不再明显。因此，要大力支持现代农业园区的发展，持续鼓励龙头企业和工商资本有序参与现代农业园区的创建，保持政策稳定性，通过完善行为规制，持续发挥现代农业园区的作用效果。构建和强化订单收购、转移就业、土地流转、技术推广等利益联结机制，并制定相应的风险防范机制，让广大农民更好地参与现代农业园区建设。

8.2.2 完善现代农业园区建设的基本政策体系

根据对不同地区国家现代农业示范区的实地调研和实证评估效果，未来要不断完善现代农业园区的基本政策体系。

一是因地制宜选择各地的现代农业园区发展路径。不同地区的农业农村资源禀赋和农业发展水平是不同的，要根据自身的资源禀赋和现实条件，合理选择现代农业园区的发展路径，尤其针对第三批示范区增收效果不显著，以及示范区对农业增产效果不明显的问题，深入挖掘背后的深层次原因，有针对性地进行政策调整，更好地引导示范区健康发展，真正发挥带动农民增收的作用；同时，本书得出在一些低收入县中，示范区创建发挥了较好的政策效果，未来也应该适当向这些区县进行倾斜，给予更多政策支持，以更好发挥其增收潜力。

二是提高对现代农业园区建设的保障力度。发展现代农业园区，需要大量的资金保障，因此要在财政支出方面加大对示范区的支持力度，资金投向优先向示范区进行倾斜，同时要大力鼓励国家开发银行、中国农业发展银行、中国农业银行、中国邮政储蓄银行等金融机构出台促进现代农业园区建设的相关政策，确保满足现代农业园区建设的资金需求，尤其是在改善农业生产条件、促进产业化经营等方面给予足够支持，但同时注意资金的使用效率，对于资金利用效率低下的示范区，及时进行督促整改，必要时减少资金支持。

三是完善现代农业园区的进出机制。通过本书的研究发现，随着国家现代农业示范区创建批次的推进，后建立的示范区的政策效果不如先建立的示范区作用效果显著，这除了有示范区本身初期发展水平不平衡的因素，也有后期在重视程度、政策投入力度等方面的原因。然而，在现实中，并未发现有示范区退出的情况。因此，为了更好地引导和激励国家现代农业示范区等现代农业园区的建设与发展，未来应该加强对现代农业园区的考核，加大奖励与惩罚力度，制定合理考核标准，实行动态监测，并完善现代农业园区的合理进出机制。对于发展势头良好的现代农业园区，应加大财政支持力度，进一步发挥其政策作用；而对于连续 2~3 年得分都比较低的现代农业园区，则应加大惩罚力度，督促其改正或直接取消其获得的"国字头"现代农业园区资格。通过不断完善现代农业园区的动态进出机制，激励各园区更加重视现代农业园区的建设，同时追求更高的发展目标。

8.2.3 构建支持农民参与现代农业园区的促进机制

在本书的研究中，通过实证检验和案例研究的方式验证了国家现代农业示范区主要通过改善农业生产条件和培育合作社、农业龙头企业等新型农业经营主体促进产业化经营两条作用机制发挥作用效果，为农户实现持续增收提供了重要动力。因此，未来的政策方向如下。

一是改善农民参与现代农业园区的基础性条件。在加快推动农业农村现代化的道路上，首先要抓住主要矛盾，先从最基本的生产条件和生产经营方式着手改变，不断加强农业基础设施的建设和完善，加快创新农民家庭经营同新型农业经营主体的利益联结机制，实现共同发展的农业生产经营方式，逐步构建现代农业产业体系、生产体系和经营体系，最终实现农业现代化。

二是构建农民参与现代农业园区的风险防范体系。明确在农业产业链中居于核心地位的农业龙头企业等新型农业经营主体在带动农民发展生产的过程中，要进一步完善利益联结机制，确保农民的基本收益，同时对于新增的农产品附加值要将一定比例收益返还给农户等，保障农民收益，防止农民在参与现代农业生产的过程中，受到任何风险损失，从而进一步提高农民参与现代农业生产的积极性。

三是提高农民参与现代农业园区建设的能力和水平。农民才是发展现代农业最重要的主体，但农民由于文化水平较低、现代农业技能不足等原因，给发展现代农业带来了一定的困难。因此，要加强对农民的现代农业技能培训，邀请种养大户、家庭农场负责人、农民合作社管理者、农业龙头企业负责人等为农民开展培训，提高普通农民参与现代农业园区建设的能力和意识，为其更好地参与现代农业打造坚实的基本素质，从而能更好地从发展现代农业中获得收益，并更好地促进现代农业的发展。

8.3 讨 论

在研究过程中，尽管取得了阶段性成果，也暴露出一些问题。

第一，使用变量的局限性。本书使用的数据既包括县域面板数据，也包括农户面板数据，但这两个数据集均存在缺乏相关指标或缺乏更为有效指标的不足。例如，在控制变量和机制变量的选取中，均由于受限于数据的可得性，而只能采取本书中使用的代理变量，同时，合适的分类变量的缺乏也使得本书在示范区影响农民收入的异质性讨论上存在不足，以上这些都限制了更为精细化的研究。

第二，使用数据的局限性。本书使用的两套数据均存在滞后性。对于县域面板数据，由于数据建立过程中，需要查阅大量资料补充各个县级面板数据，而不同地方公布的指标内容、时间等均不一致，截至写作时2020年及以后年份的数据缺失较为严重，为了最大限度保证面板数据的连续性，故数据只收集到2019年。对于农户面板数据，由于使用的是公开数据，而截至写作时CHNS数据尚未公开2018年数据，故无法获取到更新的数据。数据时效性方面存在的不足对相关研究有一定影响。

第三，研究方法的局限性。本书在第4章中对国家现代农业示范区创建的随机性进行检验后，得出存在"样本自选择"的内生性问题。由于难以找到合适的工具变量，本书主要采用了三种方式解决潜在的内生性问题，包括对于初期异质性条件的控制、剔除缺乏可比性的样本以及采用PSM-DID方法，虽然这些方法对于内生性的解决已经发挥了较好的作用，但合适的工具变量或许能够带来更准确的估计结果。

8.4 研究展望

通过在研究的过程中进行思考，笔者发现了一些未来值得进一步研究的话题。

第一，关于相关变量和数据的度量。正如在讨论中指出的那样，本研究中存在着使用变量和数据的局限性，未来一方面要继续在宏观层面寻找和收集更为丰富、更为合适的变量，同时，及时更新县域面板数据，进一步深化研究；另一方面要在微观层面深入农村农户进行问卷调查，通过实地调研收集更为合理、更为丰富、更具时效性的微观农户数据，进而为更为全面细致地进行科学研究奠定良好的数据基础，以使研究更为深入和完整。

第二，关于国家现代农业示范区与农民收入关系的研究。未来可以在如下方向上进行展望。①继续寻找更多新的方法进行研究，尤其是对本书可能存在的潜在内生性问题，通过寻找合适的工具变量等形式进行深入研究，以期得出更为准确的因果推断。②深入研究国家现代农业示范区对农民收入影响的异质性。本书目前更多倾向于示范区作用效果的整体评价，其作用效果是否会受财政支持力度、金融支持规模以及其他一些因素的影响，当获取到更多合理的衡量指标后是值得研究的内容。③继续通过实地调研、案例研究等形式深入挖掘示范区对农民收入影响的一些瓶颈和现实中急于解决的实际问题，探究研究结论背后的深层次原因，这对于国家政策调整和问题整改具有重要意义。

第三，关于国家现代农业示范区的其他政策效果。在本书中，主要考察了国家现代农业示范区对农民收入的影响，这也是对应了国家现代农业示范区创建的根本目标，但这并不能代表全部的国家现代农业示范区创建的作用效果，未来可以从其他角度切入，如从农业技术进步水平、农业可持续发展水平等方面探讨国家现代农业示范区的多元政策效果。

参考文献

白人朴, 2004. 农业机械化与农民增收 [J]. 农业机械学报 (4): 179-182.

白仲林, 孙艳华, 未哲, 2020. 自贸区设立政策的经济效应评价和区位选择研究 [J]. 国际经贸探索, 36 (8): 4-22.

蔡昉, 王德文, 2005. 经济增长成分变化与农民收入源泉 [J]. 管理世界 (5): 77-83.

陈强, 2014. 高级计量经济学及 Stata 应用 (第二版) [M]. 北京: 高等教育出版社.

陈赛楠, 2017. 关于推进现代农业产业园区建设发展的思考: 以泰州市国家现代农业示范区为例 [J]. 农业与技术, 37 (2): 252-253.

陈银娥, 刑乃千, 师文明, 2012. 农村基础设施投资对农民收入的影响: 基于动态面板数据模型的经验研究 [J]. 中南财经政法大学学报 (1): 97-103, 144.

程名望, Jin Y H, 盖庆恩, 等, 2016. 中国农户收入不平等及其决定因素: 基于微观农户数据的回归分解 [J]. 经济学 (季刊), 15 (3): 1253-1274.

程名望, 盖庆恩, Jin Y H, 等, 2016. 人力资本积累与农户收入增长 [J]. 经济研究, 51 (1): 168-181, 192.

程名望, 阮青松, 2010. 资本投入、耕地保护、技术进步与农村剩余劳动力转移 [J]. 中国人口·资源与环境, 20 (8): 27-32.

程名望, 史清华, Jin Y H, 2014. 农户收入水平、结构及其影响因素: 基于全国农村固定观察点微观数据的实证分析 [J]. 数量经济技术经济研究, 31 (5): 3-19.

樊琦, 2012. 农产品价格波动与农户收入分配结构关系研究: 基于我国不同收入水平分组农户的调查数据 [J]. 农业技术经济 (6): 73-78.

范子英, 彭飞, 2017. "营改增"的减税效应和分工效应: 基于产业互联的视角 [J]. 经济研究, 52 (2): 82-95.

范子英, 田彬彬, 2013. 税收竞争、税收执法与企业避税 [J]. 经济研究, 48 (9): 99-111.

方晓婳, 张秀生, 2009. 农村基础设施建设与农民收入增长 [J]. 生产力研究 (11): 42-43.

方迎风, 2019. 国家级贫困县的经济增长与减贫效应: 基于中国县级面板数据的实证分析 [J]. 社会科学研究 (1): 15-25.

高梦滔, 姚洋, 2006. 农户收入差距的微观基础: 物质资本还是人力资本 [J]. 经济研究 (12): 71-80.

高云, 2014. 国家现代农业示范区竞争力研究 [D]. 北京: 中国农业科学院.

高云, 陈伟忠, 詹慧龙, 等, 2014. 现代农业示范区农业产业集群发展分析 [J]. 江苏农业科学, 42 (1): 383-386.

高云, 矫健, 2012. 国家现代农业示范区核心竞争力理论研究 [J]. 安徽农业科学, 40 (33): 16454-16457.

高云, 詹慧龙, 陈伟忠, 2013. 国家现代农业示范区竞争力理论研究 [J]. 湖南农业科学 (1): 136-139.

高云, 詹慧龙, 赵跃龙, 等, 2015. 国家现代农业示范区竞争力评价及区域优势分析 [J]. 浙江农业学报, 27 (10): 1841-1849.

高云, 詹慧龙, 赵跃龙, 等, 2016. 国家现代农业示范区显著性分析 [J]. 中国农业资源与区划, 37 (2): 103-113.

高云, 赵跃龙, 李树君, 等, 2015. 国家现代农业示范区竞争力构成要素分析 [J]. 江苏农业科学, 43 (10): 569-572.

葛可佑, 1998. 中国八省居民健康与营养状况 (第一卷) [M]. 北京: 科学技术出版社.

耿鹏, 2019. 国家现代农业示范区主要发展模式与对策建议: 以运城市

盐湖区为例 [J]. 山西农经, 19 (19)：57-58.

顾群, 2016. 合作社+家庭农场：农业组织新模式 [J]. 合作经济与科技 (15)：68-70.

郭海丽, 王礼力, 李敏, 2012. 农业综合开发产业化经营项目投资绩效评价：基于灰色综合关联度的分析 [J]. 西北农林科技大学学报（社会科学版）, 12 (5)：53-60.

郭海丽, 王礼力, 李敏, 2012. 资金来源方式与农民收入的动态关系研究：以农业综合开发产业化经营项目为例 [J]. 软科学, 26 (7)：81-85.

郭建宇, 2008. 农业产业化的农户增收效应分析：以山西省为例 [J]. 中国农村经济 (11)：8-17.

郭淑敏, 周颖, 王秀芬, 等, 2016. 国家现代农业示范区创新发展模式研究：以北京市房山区为例 [J]. 中国农学通报, 32 (4)：196-204.

郭玮, 2016. 着力构建现代农业产业体系生产体系经营体系 [N]. 2016-02-16. http：//www.moa.gov.cn/ztzl/2016zyyhwj/zcjd/201602/t20160218_5020564.htm.

国家发展和改革委员会价格司, 2019. 2019年全国农产品成本收益资料汇编. 北京：中国统计出版社.

何亚萍, 蒋和平, 2017. 国家现代农业示范区发展现状及"十三五"发展建议 [J]. 世界农业 (5)：187-193, 216.

何延治, 2009. 吉林省农民收入与农业技术进步计量经济模型及分析 [J]. 安徽农业科学, 37 (12)：5676-5677.

黄志平, 2018. 国家级贫困县的设立推动了当地经济发展吗？——基于PSM-DID方法的实证研究 [J]. 中国农村经济 (5)：98-111.

黄祖辉, 钱峰燕, 2003. 技术进步对我国农民收入的影响及对策分析 [J]. 中国农村经济 (12)：11-17.

贾俊雪, 李紫霄, 秦聪, 2018. 社会保障与经济增长：基于拟自然实验的分析 [J]. 中国工业经济 (11)：42-60.

江晶, 2013. 国家现代农业示范区运行机制与发展模式研究 [D]. 北京：中国农业科学院.

江艇, 2022. 因果推断经验研究中的中介效应与调节效应 [J]. 中国工业经济（5）：120-140.

蒋和平，等，2002. 农业科技园的建设理论与模式探索［M］. 北京：气象出版社.

孔德议，陈佑成，2019. 乡村振兴战略下农村产业融合、人力资本与农民增收：以浙江省为例［J］. 中国农业资源与区划，40（10）：155-162.

李博，2016. 河南农民收入的影响因素分析及增收策略研究［J］. 中国农业资源与区划，37（11）：151-157.

李功奎，钟甫宁，2006. 农地细碎化、劳动力利用与农民收入：基于江苏省经济欠发达地区的实证研究［J］. 中国农村观察（4）：42-48.

李谷成，李烨阳，周晓时，2018. 农业机械化、劳动力转移与农民收入增长：孰因孰果［J］. 中国农村经济（11）：112-127.

李云新，戴紫芸，丁士军，2017. 农村一二三产业融合的农户增收效应研究：基于对 345 个农户调查的 PSM 分析［J］. 华中农业大学学报（社会科学版）（4）：37-44.

廖开妍，杨锦秀，曾建霞，2020. 农业技术进步、粮食安全与农民收入：基于中国 31 个省份的面板数据分析［J］. 农村经济（4）：60-67.

刘国恩，Dow W H，傅正泓，等，2004. 中国的健康人力资本与收入增长［J］. 经济学（季刊）（4）：101-118.

刘金山，徐明，2017. 对口支援政策有效吗？来自 19 省市对口援疆自然实验的证据［J］. 世界经济文汇（4）：43-61.

刘进宝，刘洪，2004. 农业技术进步与农民农业收入增长弱相关性分析［J］. 中国农村经济（9）：26-30，37.

刘林，李光浩，王力，2016. 少数民族农户收入差距的经验证据：物质资本、人力资本抑或社会资本［J］. 农业技术经济（5）：70-79.

刘七军，曲玮，李昭楠，2011. 耕地细碎化对干旱绿洲区作物生产和农户收入影响效应调查分析：以甘肃省民乐县为例［J］. 干旱地区农业研究（5）：191-197.

刘生龙，王亚华，胡鞍钢，2009. 西部大开发成效与中国区域经济收敛［J］. 经济研究，44（9）：94-105.

刘伟，蔡志洲，2017. 完善国民收入分配结构与深化供给侧结构性改革 [J]. 经济研究，52（8）：4-16.

刘晓光，张勋，方文全，2015. 基础设施的城乡收入分配效应：基于劳动力转移的视角 [J]. 世界经济，38（3）：145-170.

刘岩，2011. 建设张掖市甘州区国家现代农业示范区的思考 [J]. 发展（2）：119-120.

刘一伟，刁力，2018. 社会资本、非农就业与农村居民贫困 [J]. 华南农业大学学报（社会科学版），17（2）：61-71.

刘玉春，修长柏，2013. 农村金融发展、农业科技进步与农民收入增长 [J]. 农业技术经济（9）：92-100.

龙翠红，2008. 教育、配置效应与农户收入增长 [J]. 中国农村经济（9）：35-43.

龙翠红，2012. 教育如何提高农户收入：基于配置效应和生产效应的视角 [J]. 经济科学（6）：119-128.

卢成，2020. 中国财政支农政策效应与转型研究 [D]. 北京：中国人民大学.

卢华，胡浩，2015. 土地细碎化、种植多样化对农业生产利润和效率的影响分析：基于江苏农户的微观调查 [J]. 农业技术经济（7）：4-15.

罗慧，傅建祥，2017. 现代农业示范园综合评价指标体系研究：以青岛市店埠胡萝卜种植园为例 [J]. 农业现代化研究，38（6）：1059-1066.

马轶群，孔婷婷，2019. 农业技术进步、劳动力转移与农民收入差距 [J]. 华南农业大学学报（社会科学版），18（6）：35-44.

孟召娣，朱福守，蒋和平，2018. 国家现代农业示范区建设水平分析及提升对策研究 [J]. 农业现代化研究，39（2）：185-193.

宁静，殷浩栋，汪三贵，等，2019. 产业扶贫对农户收入的影响机制及效果：基于乌蒙山和六盘山片区产业扶贫试点项目的准实验研究 [J]. 中南财经政法大学学报（4）：58-66.

农业部现代农业示范区建设工作领导小组办公室，2014. 中国特色农业现代化探索与实践：国家现代农业示范区发展报告 [M]. 北京：中国农业出版社.

潘盛洲, 2003. 农民收入问题: 现状、原因及对策研究 [J]. 经济研究参考 (6): 2-10.

潘文庆, 吴梦迪, 2014. 基于人力资本投资视角的广东农民增收实证研究 [J]. 南方经济 (8): 124-128.

彭昌家, 汪洪琼, 李峰元, 等, 2020. 国家现代农业示范区"南充模式"的创新与实践之二: 探索多元模式激发农业园区活力 [J]. 四川农业与农机 (2): 16-19.

彭昌家, 汪洪琼, 李峰元, 等, 2020. 国家现代农业示范区"南充模式"的创新与实践之三: 立足长期规划促农业可持续发展 [J]. 四川农业与农机 (3): 14-16.

彭昌家, 汪洪琼, 李峰元, 等, 2020. 国家现代农业示范区"南充模式"的创新与实践之一: 乘政策春风播撒新型农业种子 [J]. 四川农业与农机 (1): 12-15.

秦立建, 张妮妮, 蒋中一, 2011. 土地细碎化、劳动力转移与中国农户粮食生产: 基于安徽省的调查 [J]. 农业技术经济 (11): 16-23.

屈韬, 罗曼, 屈焰, 2018. 中国自由贸易试验区的外资引致效应及其影响路径研究 [J]. 国际经贸探索 (9): 17-30.

阮荣平, 刘爽, 刘力, 等, 2020. 玉米收储制度改革对家庭农场经营决策的影响: 基于全国1942家家庭农场两期跟踪调查数据 [J]. 中国农村观察 (4): 109-128.

宋贤士, 2012. 山东平度: 让合作社成为国家现代农业示范区建设的生力军 [J]. 中国农民合作社 (2): 39-41.

速水佑次郎, 弗农·拉坦, 2000. 农业发展的国际分析 [M]. 北京: 中国社会科学出版社.

孙宁, 李存军, 张骞, 等, 2019. 国内外现代农业园区发展进程及经验借鉴 [J]. 中国农业信息, 31 (3): 27-38.

唐跃桓, 杨其静, 李秋芸, 等, 2020. 电子商务发展与农民增收: 基于电子商务进农村综合示范政策的考察 [J]. 中国农村经济 (6): 75-94.

田祥宇, 孔荣, 2010. 农业综合开发产业化经营项目投资绩效分析: 基于农民收入促进作用的视角 [J]. 财政研究 (7): 64-67.

田泽浩, 2018. 农业产业化促进农民增收的机理分析 [J]. 中国林业经济 (7): 10-13.

汪三贵, 孙俊娜, 2021. 互助资金政策对贫困村劳动力流动的影响: 基于5省10县准实验研究的DID分析 [J]. 中国人口·资源与环境, 31 (2): 140-152.

汪三贵, 孙俊娜, 王琼, 2020. 如何提高金融扶贫质量: 基于贫困村互助资金收入效应的经验研究 [J]. 宏观质量研究, 8 (6): 16-27.

王爱民, 李子联, 2014. 农业技术进步对农民收入的影响机制研究 [J]. 经济经纬, 31 (4): 31-36.

王恒彦, 卫龙宝, 郭延安, 2013. 农户社会资本对农民家庭收入的影响分析 [J]. 农业技术经济 (10): 28-38.

王晶, 2013. 农村市场化、社会资本与农民家庭收入机制 [J]. 社会学研究, 28 (3): 119-144.

王丽娟, 王树进, 2012. 现代农业示范区运行模式对绩效影响机理研究 [J]. 农村经济 (6): 48-52.

王庶, 岳希明, 2017. 退耕还林、非农就业与农民增收: 基于21省面板数据的双重差分分析 [J]. 经济研究, 52 (4): 106-119.

王秀清, 苏旭霞, 2002. 农用地细碎化对农业生产的影响: 以山东省莱西市为例 [J]. 农业技术经济 (2): 2-7.

王益松, 2004. 农业技术进步对生产者收入影响的理论分析 [J]. 中南财经政法大学学报 (3): 75-78.

王引, 尹志超, 2009. 健康人力资本积累与农民收入增长 [J]. 中国农村经济 (12): 24-31.

卫龙宝, 李静, 2014. 农业产业集群内社会资本和人力资本对农民收入的影响: 基于安徽省茶叶产业集群的微观数据 [J]. 农业经济问题, 35 (12): 41-47.

魏众, 2004. 健康对非农就业及其工资决定的影响 [J]. 经济研究 (2): 64-74.

吴丹, 2016. 现代特色农业示范区规划策略与实践: 以广西天等县"天映彩卷"农业示范区为例 [J]. 规划师, 32 (9): 140-147.

吴志军, 黄显池, 2020. 设立扶贫改革试验区的政策效应评估: 来自广东省清远市的经验证据 [J]. 产业经济评论 (4): 130-147.

西奥多·W·舒尔茨, 2006. 改造传统农业 [M]. 梁小民译, 北京: 商务印书馆.

夏玉莲, 张园, 2018. 家庭禀赋对农民家庭收入的影响分析: 基于1 188户农户的实证分析 [J]. 农林经济管理学报, 17 (4): 427-433.

肖龙铎, 张兵, 2017. 金融可得性、非农就业与农民收入: 基于CHFS数据的实证研究 [J]. 经济科学 (2): 74-87.

肖卫, 肖琳子, 2013. 二元经济中的农业技术进步、粮食增产与农民增收: 来自2001—2010年中国省级面板数据的经验证据 [J]. 中国农村经济 (6): 4-13, 47.

肖泽伟, 王官波, 2016. 从雨养农业到设施农业 [N]. 中国县域经济报, 2016-05-05 (001).

徐舒, 王貂, 杨汝岱, 2020. 国家级贫困县政策的收入分配效应 [J]. 经济研究, 55 (4): 134-149.

许庆, 田士超, 邵挺, 等, 2007. 土地细碎化与农民收入: 来自中国的实证研究 [J]. 农业技术经济 (6): 67-72.

闫磊, 刘震, 朱文, 2016. 农业产业化对农民收入的影响分析 [J]. 农村经济 (2): 72-76.

晏强, 2014. 粮食主产区农村基础设施投资效果研究 [D]. 长春: 吉林大学.

杨龙, 张伟宾, 2015. 基于准实验研究的互助资金益贫效果分析: 来自5省1 349户面板数据的证据 [J]. 中国农村经济 (7): 82-92.

杨其长, 2001. 我国农业科技示范园产生的历史背景与发展对策 [J]. 农村实用工程技术 (1): 2-3.

余涛, 2020. 农村产业融合发展对农民收入增长的影响研究 [D]. 北京: 中国人民大学.

俞菊生, 吴永兴, 曾勇, 2005. 我国现代农业科技园区的发展与规划要

点研究 [J]. 上海农业学报 (4): 98-101.

苑鹏, 2013. "公司+合作社+农户" 下的四种农业产业化经营模式探析: 从农户福利改善的视角 [J]. 中国农村经济 (4): 71-78.

曾常林, 梅奕欣, 2021. 国家现代农业示范区与劳动力: 政策拉动下的就业增长 [J]. 财经论丛 (4): 1-12.

曾磊, 邢慧斌, 2011. 产业融合视角下的现代农业示范区规划: 兼论其旅游功能的拓展 [J]. 安徽农业科学, 39 (33): 20617-20619.

曾令铭, 2020. 革命老区振兴发展政策效应研究 [D]. 南昌: 江西师范大学.

张彬斌, 2013. 新时期政策扶贫: 目标选择和农民增收 [J]. 经济学 (季刊), 12 (3): 959-982.

张贵先, 胡宝娣, 2006. 城乡差距、农民非农就业与农民增收: 基于中国的理论分析与实证检验 [J]. 财经问题研究 (1): 80-85.

张国建, 佟孟华, 李慧, 等, 2019. 扶贫改革试验区的经济增长效应及政策有效性评估 [J]. 中国工业经济 (8): 136-154.

张宽, 邓鑫, 沈倩岭, 等, 2017. 农业技术进步、农村劳动力转移与农民收入: 基于农业劳动生产率的分组 PVAR 模型分析 [J]. 农业技术经济 (6): 28-41.

张林, 温涛, 刘渊博, 2020. 农村产业融合发展与农民收入增长: 理论机理与实证判定 [J]. 西南大学学报 (社会科学版), 46 (5): 42-56.

张楠, 张栋浩, 李建军, 等, 2020. 长期减贫的未雨绸缪: 来自扶贫改革试验区的证据 [J]. 财贸经济, 41 (3): 20-35.

张庆萍, 2014. 农户参与农业组织化经营: 交易成本、交易对象与运行效果: 基于广西防城港市防城区村镇的调查 [J]. 新疆农垦经济 (12): 42-46.

张天柱, 2008. 现代农业园区规划与案例分析 [M]. 北京: 中国轻工业出版社.

张云鹏, 邹志荣, 王慧, 等, 2011. 乡土文化绿色之魂: 以西安白鹿塬现代农业示范区规划设计为例 [J]. 西北林学院学报, 26 (1):

214-218.

赵勇智,2020. 农业综合开发投资对农民收入的影响 [D]. 北京:中国农业科学院.

赵勇智,罗尔呷,李建平,2019. 农业综合开发投资对农民收入的影响分析:基于中国省级面板数据 [J]. 中国农村经济 (5):22-37.

赵志信,熊黎黎,乔兰芳,2012. 新疆国家现代农业示范区建设问题浅议 [J]. 新疆农业科技 (2):2.

郑坤,梁玉琴,2019. 我国现代农业产业园发展历程及未来趋势 [J]. 现代农业科技 (23):237-239.

钟甫宁,何军,2007. 增加农民收入的关键:扩大非农就业机会 [J]. 农业经济问题 (1):62-70.

周波,于冷,2011. 农业技术应用对农户收入的影响:以江西跟踪观察农户为例 [J]. 中国农村经济 (1):49-57.

周迪,王明哲,2019. 改革进活力:国家扶贫改革试验区政策的经济效应研究 [J]. 中国农村观察 (6):127-144.

周亚虹,许玲丽,夏正青,2010. 从农村职业教育看人力资本对农村家庭的贡献:基于苏北农村家庭微观数据的实证分析 [J]. 经济研究,45 (8):55-65.

周晔馨,2012. 社会资本是穷人的资本吗?基于中国农户收入的经验证据 [J]. 管理世界 (7):83-95.

周振,张琛,彭超,等,2016. 农业机械化与农民收入:来自农机具购置补贴政策的证据 [J]. 中国农村经济 (2):68-82.

朱绪荣,2014. 国家现代农业示范区规划方法与案例 [M]. 北京:中国农业科学技术出版社.

朱绪荣,邓宛竹,张忠明,2012. 现代农业示范区规划指标体系构建方法研究 [J]. 中国农学通报,28 (35):107-115.

庄汝龙,2019. 撤县设区的经济增长效应评估与影响机制研究 [D]. 上海:华东师范大学.

ABDUL-HAKIM R, ABDUL-RAZAK N A, ISMAIL R, 2010. Does social capital reduce poverty? A case study of rural households in Terengganu,

Malaysia [J]. European Journal of Social Science, 6: 556-567.

ADITYA K S, SUBASH S P, 2019. Propensity score matching [M]. Netherlands: Elsevier BV Press.

AKRAM W, NAZ I, ALI S, 2011. An empirical analysis of household income in rural Pakistan evidences from Tehsil Samundri [J]. Pakistan Economic and Social Review, Winter: 231-249.

ALDER S, SHAO L, ZILIBOTTI F, 2016. Economic reforms and industrial policy in a panel of Chinese cities [J]. J Econ Growth, 21 (4): 305-349.

ALTIERI M, 2009. Agroecological foundations of alternative agriculture in USA Agriculture [J]. Ecosystems and Environment, 359: 605-609.

BAIER S L, BERGSTRAND J H, 2004. Economic determinants of free trade agreements [J]. Journal of International Economics, 64 (1): 29-63.

BAYES A, 2001. Infrastructure and rural development: Insights from a Grameen Bank village phone initiative in Bangladesh [J]. Agricultural Economics, 25 (2-3): 261-272.

BECK T, LEVINE R, LEVKOV A, 2010. Big bad banks? The winners and losers from Bank Deregulation in the United States [J]. Journal of Finance, 65 (5): 1637-1667.

BUSSO M, GREGORY J, KLINE P, 2013. Assessing the incidence and efficiency of a prominent place-based policy [J]. American Economic Review, 103 (2): 897-947.

CALIENDO M, KOPEINIG S, 2008. Some practical guidance for the implementation of propensity score matching [J]. Journal of Economic Surveys, 22 (1): 31-72.

CHAUREY R, 2017. Location-based tax incentives: Evidence from India [J]. J Public Economics, 156: 101-120.

CHENG L K, KWAN Y K, 2000. What are the determinants of the location of foreign direct investment? The Chinese Experience [J]. Journal of International Economics, 51 (2): 379-400.

CRISCUOLO C, MARTIN R, OVERMAN H, et al., 2012. The causal effects of an industrial policy [J]. NBER Working Papers, 2: 17842.

DEHEJIA R H, 2005. Practical propensity score matching: A reply to Smith and Todd [J]. Journal of Econometrics, 125: 355-364.

DELL M, 2010. The persistent effects of Peru's Mining Mita [J]. Econometrica, 78 (6): 1863-1903.

FAN S, GULATI A, THORAT S, 2008. Investment, subsidies, and pro-poor growth in rural India [J]. Agricultural Economics, 39 (2): 163-170.

FOSTER N, POESCHL J, STEHRER R, 2011. The impact of preferential trade agreements on the margins of international trade [J]. Economic Systems, 35 (1): 84-97.

GREENSTONE M, HORNBECK R, MORETTI E, 2010. Identifying agglomeration spillovers: Evidence from winners and losers of large plant openings [J]. Journal of Political Economy, 118 (3): 536-598.

HEAD K, RIES J, 1996. Inter-city competition for foreign investment: Static and dynamic effects of China's incentive areas [J]. Journal of Urban Economics, 40 (1): 38-60.

HECKMAN J J, ICHIMURA H, TODD P E, 1998. Matching as an econometric evaluation estimator [J]. The Reviews of Economics Studies, 65 (2): 261-294.

HECKMAN J J, VYTLACIL E, 2001. Policy-relevant treatment effects [J]. American Economic Review, 91 (2): 107-111.

ICHARD S, 2010. Rural tourism and the challenge of tourism diversification [J]. The case of Cyprus. Tourism Management, 6: 25-27.

ITO J, 2010. Inter-regional difference of agricultural productivity in China: Distinction between biochemical and machinery technology [J]. China Economic Review, 21 (3): 394-410.

JIA J, MA G, QIN C, et al, 2020. Place-based policies, state-led industrialisation, and regional development: Evidence from China's great western development programme [J]. European Economic Review, 123 (4).

KLINE P, MORETTI E, 2014. Local economic development, agglomeration economies, and the big Push: 100 years of evidence from the Tennessee Valley Authority [J]. The Quarterly Journal of Economics, 129 (1): 275-331.

LEE G, LIM S S, 2015. FTA effects on agricultural trade with matching approaches [J]. Economics: The Open - Access, Open - Assessment E-Journal, 9 (43): 1-26.

LI P, LU Y, WANG J, 2016. Does flattening government improve economic performance? Evidence from China [J]. Journal of Development Economics, 123 (6): 18-37.

LIN J Y, 1992. Rural reforms and agricultural growth in China [J]. American Economic Review, 82 (1): 34-51.

LU Y, WANG J, ZHU L, 2015. Do place-based policies work? Micro-level evidence from China's Economic Zones Program [J]. SSRN Electronic Journal. Doi: 10.2139/ssrn.2635851.

LU Y, WANG J, Zhu, L, 2019. Place-based policies, creation, and agglomeration economies: Evidence from China's Economic Zone Program [J]. Am Econ J: Econ Policy, 11 (3): 325-360.

MAGEE C S, 2003. Endogenous preferential trade agreements: An empirical analysis [J]. Contributions in Economic Analysis & Policy, 2 (1): 1-19.

MARTIN P, MAYER T, MAYNERIS F, 2011. Public support to clusters: A firm level study of French local productive systems [J]. Regional Science and Urban Economics, 41 (2): 108-123.

MENG X, 2014. China's labour market tensions and future urbanisation challenges [J]. //Song L G, Garnaut R, Cai F. Deepening reform for China's long - term growth and development, term growth and development. Canberra: The Australian National University E-Press.

MENG X, WU H, 1998. Household income determination and regional income differential in rural China [J]. Asian Economic Journal, 12: 65.

MIGUEL A, 2010. Modern Agriculture [M]. Ecological Impacts and the Possibilities for Truly Sustainable Farming.

NEUMARK D, KOLKO J, 2010. Do enterprise zones create jobs? Evidence from California's Enterprise Zone Program [J]. Journal of Urban Economics, 68 (1): 1-19.

NGUYEN L, RAABE D, GROTE U, 2015. Rural – urban migration, Household vulnerability and welfare in Vietnam [J]. World Development, 71 (3): 79-93.

QI J, ZHENG X, GUO H, 2019. The formation of Taobao Villages in China [J]. China Economic Review, 53: 106-127.

RAVALLION M, 2008. Evaluating anti–poverty programs [J]. //Schultz T, Strauss J, Handbook of Development Economics (V. 4). Amsterdam: Elsevier/North-Holland.

RENKOW M, HALLSTROM D G, KARANJA D D, 2004. Rural infrastructure, transactions costs and market participation in Kenya [J]. Journal of Development Economics, 73 (1): 349-367.

ROGERS E M, 2003. Diffusion of innovations [M]. New York: Free Press.

SCHMINKE A, VAN BIESEBROECK J, 2013. Using export market performance to evaluate regional preferential policies in China [J]. Review of World Economics, 149 (2): 343-367.

SCHULTZ T W, 1975. The value of ability to deal with disequilibria [J]. Journal of Economic Literature, 2: 827-846.

SHENOY A, 2018. Regional development through place – based policies: Evidence from a spatial discontinuity [J]. J Dev Econ, 130: 173-189.

SUN W, WANG X, BAI C E, 2014. Income inequality and mobility of rural households in China from 2003 to 2006 [J]. China Agricultural Economic Review, 6 (1): 73-91.

VANDENBERGHE V, ROBIN S, 2004. Evaluating the effectiveness of private education across countries: A comparison of methods [J]. Labour Economics, 11 (4): 487-506.

WANG G, 2004. The impacts of income gaps between regions on rural labour migration: A study on the fifth national population census [J]. China Economic Quarterly, 1: 77-98.

WANG J, 2013. The economic impact of special economic zones: Evidence from Chinese municipalities. Journal of Development Economics, 101: 133-147.

WANG S L, HUANG J, WANG X, et al. , 2019. Are China's regional agricultural productivities converging: How and why [J]. Food Policy, 86: 101-127.

YANG D T, AN M Y, 2002. Human capital, entrepreneurship and farm household earnings [J]. Journal of Development Economics, 2: 65-88.

YANG J, HUANG Z, ZHANG X, et al., 2013. The rapid rise of cross-regional agricultural mechanization services in China [J]. American Journal of Agricultural Economics, 95 (5): 1245-1251.

ZHANG J, GILES J, ROZELLE S, 2012. Does it pay to be a cadre? Estimating the returns to Being a local official in rural China [J]. Journal of Comparative Economics, 40: 337-356.

ZHENG S, SUN W, WU J, et al. , 2015. The birth of edge cities in China: Measuring the spillover effects of industrial parks [J]. NBER Working Paper No. 21378, National Bureau of Economic Research.

ZHENG S, SUN W, WU J, et al. , 2017. The birth of edge cities in China: Measuring the effects of industrial parks policy [J]. Journal of Urban Economics, 100: 80-103.